賢者の勉強技術

短時間で成果を上げる「楽しく学ぶ子」の育て方

㈱日本教育政策研究所
代表取締役
谷川祐基
Yuki Tanikawa

CCCメディアハウス

はじめに

「子どもの教育は非常にシンプルで、悩むべきことはほぼありません」

私がこう言うと、ほとんどのお父さんお母さんは不審な目で私を見ます。
なぜなら、子どもの教育、特に勉強や進学は悩みでいっぱいだからです。

「この成績だとどこまで進学できるのか……」
「今はつらいかもしれないけど、しっかり勉強すれば将来必ず役に立つのに……」
「かと言って、無理矢理ガリ勉させたら、勉強しかできないもやしっ子になってしまうかもしれないし、下手したら反抗してグレてしまうかも……」
「近所の○○君は塾に通いだしたのだけど、うちはいつから通わせればいいのか……」

子どもには努力して成功を手にして欲しいのだけど、のびのび自由に生きてもらいたい。学歴なんて関係ないと言われる時代だけど、とは言えそれなりの成績をとって進学してもらいたい。

しかし、親の心配を知ってか知らずか、子どもはゲームをしたりテレビを観たりスマートフォンをいじったりして毎日を過ごしています。

正解のない答えを、ずっと探している気がしてくるかもしれません。

それでも私が「教育はシンプルです」と言うのには理由があります。

私の母親は小学校の先生をしていたのですが、さらに、中学校の先生をしている叔母がいて、高校の先生をしている叔父がいて、幼稚園の先生をしている叔母がいて、小学校の先生をしている叔父がもう一人いました。

そんな先生だらけの環境で育ったので、私は「学校」や「先生」の本音、裏の裏も見聞きすることができました。ここで知ったのは、**世間で言われている「学校」「先生」「勉強」というものと、実際の「学校」「先生」「勉強」はずいぶんとズレている**ことです。

このズレが、教育をややこしく見せているのではないかと子どもながらに感じて
た。

ですから、「暗記する」「反復練習をする」「塾に通う」

どうも信じることができず、小学校の

その結果、**塾にも予備校にも通うことなく、公立の中学校・高校から大学に合格することができた**のですが、これは私の頭がよかったわけでも、必死の努力をしたわけでもなく、勉強のやり方がよかったのだと、今なら言えます。

その後私は、学習塾の講師として、ビジネスのコンサルタントとして、マリンスポーツのインストラクターとして、子どもから大人までを指導するようになりましたが、何を勉強する場合でも関係なく、**「勉強のやり方」次第でモチベーションも成果も大きく変わる**ことを確信しました。正しい勉強方法を身につけさえすれば、どんな生徒も勝手に成果を出していくのです。

もしも教育が複雑に見えるなら、それは教育の見方に誤解があります。

では、**教育がシンプルに見えてくるポイントを三つ**紹介しましょう。

まずは、**「効率的な勉強方法」は存在する**ということ。

どうも世の中では、勉強とはつらくて時間がかかるものということになっているようです。他のすべてを投げ打って、血の滲《にじ》むような努力をしないと成功を手にすることはできないと考えている人が多いのです。

しかし本当は、**学校と先生の本音を知れば、最小限の労力かつ短時間で圧倒的な成果を上げることは可能**なのです。何かを我慢して勉強に時間を費やしたり、健康や体力を犠牲にしてまで机に向かう必要はありません。

世間で言われている「学校」「先生」「勉強」と、実際の「学校」「先生」「勉強」はずいぶんとズレていると書きましたが、このズレが勉強を非効率にしているのです。逆に言うと、「学校」「先生」「勉強」に対する理解を深めてこのズレを埋めることができれば、勉強はどんどん効率が上がっていくということです。

実際に、私はこの効率的な勉強方法を目指したことで、小学校、中学校ではほとんど勉強することなく(正確には、勉強に余計な時間を使うことなく)トップの成績を維持できましたし、高校三年生の秋から半年間の勉強で東大に合格することができました。

少ない時間で成果を出す勉強方法はあるのですから、たとえ子どもがテレビやゲームに時間を使っていようとも、あまり悩む必要はありません。勉強時間が短時間であっても、学ぶべきことを学んで、しっかり成果を出していればよいのです。だから教育はシンプルです。

次に、**「楽しい勉強方法」というのも存在する**ということ。

これもどうやら、世の中では「勉強は楽しくあってはならない」という誤解があるようです。「楽しいのは遊びだから勉強ではない」などと言われます。さらには、「勉強はつらいから価値があり、これを乗り越えることで人間としての成長が生まれるのだ」という意見すらあります。

この意見は大間違いで、**本来、勉強は楽しいもの**です。

小学生から高校生まで、男の子も女の子もいろいろな生徒を指導しましたが、好奇心と達成欲がない子どもは一人としていませんでした。

「植物が光合成で大きくなる仕組みを知ってしまった……。つらい」なんていう子や「2桁のかけ算しかできなかったのに、3桁のかけ算もできるようになってしまった。いやだなぁ」なんていう子どもには出会ったことがありません。皆さんも、出会ったことがないと思います。

いるのは、長時間机に座っているのが嫌いな子だとか、何をしたらいいかわからずに困っている子だとか、マンガを我慢して不機嫌な子だとか、別な理由で勉強に気が進まない子だけ。

子どもには好奇心と達成欲がある以上、基本的に勉強は楽しいものになるはずなのです。

ただし、楽しい勉強スタイルを子どもに身につけてもらうには、子どもの心理をよく理解して適切な援助をする必要があります。子どもをよく理解せず、大人のスタイルを押しつけてしまうことで、勉強嫌いな子どもが生まれてしまうのです。

親がすべきことは、子どもになんとか勉強させるのではなく、勉強が嫌いになるような大人の事情を押しつけないように注意するだけ、と言うと信じられないでしょうか。

この本では、子どもの心理とモチベーションの源泉を探って、大人の生きている世界と子どもの生きている世界が違うことを紹介していきます。

本来は勉強とは楽しいものなので、適切な援助さえすれば子どもは自分から進んで勉強します。親がすべきことは、子どもを勉強嫌いにしないように注意するだけ。ですから、教育はシンプルです。

三つ目のポイントは、これは最初は非常に理解しにくいことだと思いますが、実は、**我が子の教育に責任を持っているのはお父さんとお母さん「ではない」**のです。

これは、親にとって非常に違和感がある考え方だと思います。我が子の成長と幸せを考えるのは親として当然でしょう！　他に誰が考えてくれるというのか！　無責任な！　という反論をいろいろな人から受けました。子どもを立派な大人に育てることが親の務めだと言われますし、子どもの一生を決めるのは親の育て方次第という考え方をしている人は多いです。

しかし、**「子育ての全責任は親にある」という考え方を手放すことで、教育の悩みは少なくなり、子どもの成長スピードはアップする**のです。

ちなみに、責任を持つのは学校の先生でもありません。これも詳しく紹介していきますが、学校の先生の能力は非常に限られたものです。

では、子どもの教育に責任を持つべきなのは誰なのでしょうか？

その答えは、「子ども自身」。

子どもを子ども扱いせず、一人前の人間として接することで、子どもは実際に成長していきます。

何か冷たいような、ライオンが子どもを谷に突き落とすような感じがしますが、どんな子どもも最後は大人として自立しないといけません。可能な限り早く自立してもらうのに越したことはありません。

子どもが自立するということは、今の自分にどんな知識や技術が必要か理解し、それを勝手に身につけ、目標を達成していくということなので、親が悩む余地はまったくなくなります。何も言うことがなくなってしまいます。

親にとって、**子どもの成長とともにやることがなくなってしまうので、教育はシンプル**なのです。

「効率的な勉強方法」というのは存在する。
「楽しい勉強方法」というのも存在する。
教育に責任を持つべきなのは「子ども自身」。

いずれも一般的な考え方ではありませんが、勉強しているように見えないのに成績がよく、たいして苦労せず受験に受かる子たちは人並み外れた頭脳を持っているわけではなく、これらの勉強方法を実行しています。

「努力」と「苦労」は別物です。

子どもがみるみる勉強して成果を上げる——そんな教育の真実をお話ししていきましょう。

賢者の勉強技術

短時間で成果を上げる「楽しく学ぶ子」の育て方

目次

第2章 主体性の正体
勝手に伸びる子を育てる秘訣は子どもの立場を知ること

第3章 最強の勉強技術

最短時間で最大の成果を上げる効率的な勉強法

第4章 親にできるサポート
子どものやる気を引き出す声のかけ方

第5章 「勉強」の本質
子どもに手にしてもらいたい自立と自由

第1章

学校という現場

先生の本音を知れば、
子どもの努力を
ムダにせずに済む

□ 宿題で学力は伸びない

小学校の教師をしている私の母には、ある悩みがありました。それは、生徒のお母さん達に「しっかりと宿題を出してください」と言われることです。

なぜこんなことが悩みになるのでしょう？　保護者からリクエストがあるなら、素直に宿題をたくさん出せばいいわけです。しかし、実は先生にはあまり宿題を出したくない理由があるのです。

まず、お母さんたちはなぜこのようなリクエストをするのでしょうか？　聞いてみると、だいたいは「だって、うちの子は宿題がないと全然自分で勉強しないから……」という答えが返ってきます。

子どもが自宅でたくさん勉強すると、学習内容が定着して学力が上がる。でも、強制的にカリキュラムを組まないと自分では勉強をはじめない、という考えがお母さん達にはあるようです。

「宿題がたくさん出ると自宅でたくさん勉強する。よって子どもの成績は上がる」

非常に、当たり前の考え方ですね。しかし、なんと、学校の先生にとってこれはまったく当たり前でない考え方なのです！

多くの学校の先生が抱える実感として、宿題をたくさん出しても、生徒の成績（ここでの成績とは、学校の定期テストの点数のことです）はあまり上がりません。

私の母が宿題をたくさん出すことに消極的だった最大の理由は、「宿題を出しても、生徒の成績はあまり上がらない」ことを感じていたからです。

経験上、宿題をたくさん出してもあまり出さなくても、クラスの平均点はあまり変わりません。できる子はできるし、できない子はできない。**家でたくさん勉強すると成績が上がると信じている先生は、少数派**なのではないでしょうか。

「宿題をしてもあまり成績は上がらない」と考える先生が多い証拠を一つ挙げましょう。

それは、成績をつけるときに「宿題提出回数」や「宿題提出率」で加点する、つまりゲタを履かせる先生がいることです。

もしも宿題をたくさんして学力が上がるなら、宿題をたくさんした生徒はテストの点数も上がるはずなので、わざわざ宿題提出回数を元にゲタを履かせなくても、成績が上がるはずです。しかし実際は、宿題をやったからといってテストの点数が上がってこない。でもちゃんと宿題をした生徒に対しては何かしらのご褒美をあげないといけないから「宿題提出率」で成績に加点する必要が出てきてしまうのです。

誤解がないように言うと、宿題に意味がないわけではありません。宿題をしてこない生徒は、やはり成績がよくない傾向にあります。ただ、「宿題の量」は成績に直結してこないのです。

先生が「宿題を増やそうか」と考えるのは、だいたいは授業時間が足りないときです。

1990年代以降、学校週5日制が普及して授業時間数が少なくなりました。さらに小学校では「総合的な学習の時間」や英語など、やるべき教科が増えて、国語や算数の授業時間が圧迫されていきました。

その一方で、ゆとり教育の反省だとか学力低下が心配だとか言われるので、どうにか生徒の学力を上げねばなりません。そのとき「宿題を増やそう」というのが一つの選択肢として出てきます。授業時間が足りないので宿題でカバーしようということです。

でもちょっと待ってください！　授業時間が足りないので宿題でカバーするということは、授業時間があればその方がいいということですよね。生徒に1時間の宿題をさせるよりも、本当は1時間の授業をしたいのです。

あらゆる先生は例外なく、1時間しっかり宿題をするよりも自分の授業を1時間しっかり受けた方が効果的だと考えています。もし宿題の方が効果的だと考えるなら、授業はすべて自習にしているはずです。

宿題とは、全ての先生が同意する「効率の悪い勉強方法」なのです。

そんなわけで、私の母のように「宿題はあまり効率的な勉強方法ではないけど、出さないと保護者からクレームがくるしなぁ」という悩みが生まれます。結果、たくさんの宿題を出す先生もいるでしょう。

もちろん、明確な目的があれば、それはよい宿題と言えます。学校で習った公式を定着させるために家で問題演習をするとか、授業の内容が簡単すぎた生徒に発展的な内容を勉強してもらうなどです。

しかし、宿題の目的が不明確なままで量だけ増やすと、勉強はどんどん非効率になっていきます。せっかく宿題をがんばるのであれば、「量」より「質」に着目して、「どんな宿題をすべきか」を考えるべきなのです。

補足すると、宿題で「成績」は上がります。宿題提出率が成績に反映されることがあるからです。しかし、学力やテストの点数は伸びません。すべての先生が考えるように、宿題より授業の方が重要なのです。

□宿題を10分で終えると怒られる

「うちの子は家で全然勉強しなくて……」

これはお父さんお母さんの代表的な悩みです。

確かに、我が子の家での勉強時間が少ないと不安になりますよね。なんとか子どもに勉強させようと、担任の先生に学校の宿題を増やしてもらおうと相談したり、学習塾に通わせることを検討したりしはじめるでしょう。

しかし、この「家で勉強しない子問題」は、先生にとってはまったく違った様相を見せるのです。

学校の先生が宿題を出すときは、基本的にはクラス全員に同じものを出します。「算数ドリル2ページを明日まで」とか、「漢字の書き取り4ページを来週まで」とかですね。

しかし、同じ宿題であっても、これに費やす時間は皆バラバラです。10分で終える子もいれば1時間かかる子もいる。3時間かけてもなかなか進まない子もいます。

さて、では同じ宿題を10分で終える子と3時間かかる子は、どちらが優秀でしょう？

当然、優秀で成績もよいのは前者、10分で終える子です。

もっと言えば、さらに優秀な子は、宿題を授業中にこなしてしまったり、休み時間などで終わらせてしまい、家に持ち帰りさえしません。

先生から見ると、「家で勉強しない子」とは、すばやく決められた勉強をこなしてしまう、優秀な生徒の証なのです。

だから、保護者から「うちの子は10分ぐらい宿題をしたらすぐに遊びに行っちゃうんです。どうしたらいいですか？」という相談があると「いやいや、それはお子さんが優秀な証拠で……」と説明することになりますが、なかなか納得が得られないようです。

さらにおかしなことに、宿題を10分で終わらせる優秀な生徒たちは褒められることがありません。

「3時間も勉強したんだ。えらいね！」と褒められるのは、なぜか後者の優秀でない子の方です！

現在の日本では、働きすぎの長時間労働が問題になっていますが、子どもたちの勉強時間と状況が似ています。

同じ量の残業を、10分でこなす人と3時間かかる人がいたとしたら、どちらの人が優秀でしょう？　もちろん、優秀なのは10分でこなす人に決まっています。

しかし、10分で仕事が終わったからといって早く会社を出ようとすると、会社の皆から白い目で見られます。

「うちの子は10分ぐらい宿題をしたらすぐに遊びに行っちゃうんです。どうしたらいいですか？」と問題児扱いされるように、「10分ぐらい残業をしたら、すぐに会社からいなくなっちゃうんです」と問題社員扱いすらされてしまいます。

逆に、3時間かかる人の方は「3時間も勉強したんだ。えらいね！」と褒められるのと同じように、「3時間も仕事したんだ。えらいね！」とご褒美の残業代がもらえるのです。

仕事が早く終わると問題児扱いされ、仕事に時間がかかるとご褒美がもらえるのですから、当然労働時間は長くなっていきます。

どうやら、**現代の日本では「長時間のつらい状況に耐えた人が褒めたたえられるべき」という価値観が支配的**なようですが、この価値観は子どもの頃の学校生活で教わったものなのです。

宿題を10分で片づけると問題児扱いされ、3時間かかると褒められる。

よく考えると理不尽な話ですが、これが子どもたちを取り巻く環境です。褒められるためにはダラダラと時間をかけて勉強しなければいけないわけですが、この理不尽さに気づかないほど子どもたちは鈍感ではありません。

大人たちの押しつける理不尽さを感じると、子どもは大人たちや社会を信じなくなり、強く反抗しはじめます。反抗せずに、大人たちから求められる「長時間勉強」におとなしく従っても、今度は長時間労働をやめられない過労死まっしぐらの社会人に育ってしまいます。

自分の子どもには、言うことを聞かない反抗的な人間にもなってもらいたくないし、働きすぎて過労死してしまう人間にもなってもらいたくないでしょう。

もし子どもが短時間で勉強を片づけていたら、それは優秀な証拠なので素直に賞賛してあげてください。

「宿題が10分で終わったんだ！　すごいね！」

逆に、人より時間がかかっているようであれば、それはどこかで何かつまずきを抱えているか、効率よい勉強方法を知らないというサインかもしれません。
そのときはぜひ、この本に書いてあるような効率的な勉強方法を教えてあげて欲しいと思います。

□先生のお気に入りは成績がよい？

先生に嫌われると悪い成績をつけられる？

テストで90点以上を取って通知表が3。となりのクラスでは70点で通知表5の子がいるのに……。これは先生に嫌われているから？　という話は時どき聞きますが、本当にある話なのでしょうか？　本当だとしたら、先生のお気に入りの子は成績がよくて嫌われると成績が悪くなるのは不公平じゃないでしょうか？

結論から言うと、**「先生がお気に入りの子を優遇することはないが、成績はよい傾向がある」**というのが答えです。

まず前提として、先生も人間なので人の好き嫌いは必ず存在します。全人類が平等にあらゆる人を愛せたら、世界から戦争がなくなり平和になるのですが、なかなかそうはならないように、先生にもお気に入りの子とそうでない子がいます。

しかし、お気に入りかどうかで、先生が成績を大きく動かすことはまずありません。クレームが出た場合に対抗できないからです。

「うちの子はテストで90点なのになぜ通知表3なんだ！」と保護者からクレームがあった場合、合理的な説明をしなければなりません。

テストの平均点や、課題の提出率、授業中の発表回数など、何か客観的な数字で説明できる必要があります。「おたくの子が気に入らないから3にしました」ではとうてい納得できませんよね。

なので、この項の冒頭のような極端な例は、都市伝説か本当にまれなケースだと思います。ただし、成績のボーダーライン上では影響することがあります。

たとえば、同じ点数の生徒がA君とB君二人いる場合です。内申点5をつけることができる人数と内申点4をつけることができる人数は決まっているので、どちらかに5、どちらかに4をつけないといけないわけです。そうすると、「日ごろがんばっているA君の方を5にしようかな」という恣意的な成績づけをすることがあります。

このようなギリギリの場合は、どちらかと言えば先生に気に入られていた方が有利になるでしょう。とはいえ、そのくらいの違いしか生まないのが実情です。

先生のお気に入りであるかどうかは、成績にちょっとしか影響しません。それよりもテストの5点~10点の方が大きく影響します。


ところが困ったことに、先生の実感としては、やはり「お気に入りの子」と「成績のいい子」は一致しやすいのです。

これは、表立って口にしてはいけません。先生は全生徒(児童)を平等に扱わないといけないので、お気に入りの子にいい成績をつけていたら「えこひいき」と言われて大クレームになります。そして実際、先生自身はえこひいきしている自覚がまったくありません。

それでも成績に差が出るのはなぜでしょう?


まず、「先生のお気に入りになると成績が上がる」という可能性ですが、成績をつける際の直接的な影響がわずかしかないのは先ほど説明した通りです。

もしかして、先生はお気に入りの子には熱心に教えるので、結果としてその子の成績が上がるのでしょうか? これも現状を見ていると、誰かを特別扱いして指導するケースはまれです。実際、**子ども一人ひとりに個別対応している時間など先生にはほとんどありません**。気に入った子に熱心に教えるというのは、したくてもできないのです。

先生に好かれる→成績が上がるという因果関係はなさそうですが、それでも先生のお気に入りの子の成績がよい傾向にあるのは、ある共通の原因があるからです。

たとえばビーチサンダルとアイスクリームは同じ季節によく売れますが、ビーチサンダルを履くとアイスクリームを食べたくなるわけではないですよね。夏になって気温が上がったことが、ビーチサンダルとアイスクリームが欲しくなる共通の原因です。

「先生のお気に入り」と「成績がよい子」は、ビーチサンダルとアイスクリームのように、とある原因(夏の気温)を共有しているから一致しやすいのです。

共通の原因とは、「先生の話をよく聴く子」であること。

学校の成績がどうやって決まるかというと、当然ですが成績は学校の先生がつけます。ではどうやってつけるかというと、これは学校や先生によって変わりますが７割〜９割はテストの点数で決められます。残りの１割〜３割には、課題提出率や授業出席率などが計算に入ることがあります。

ではテストは誰が作って誰が採点しているのかというと、これも学校の先生です。さらにテスト問題はどこから出題されているかというと、ほぼ授業中に教えた内容から、あるいはテスト範囲に指定された教材からです。

実は、「この問題はそのままテストに出しますよ」「次のテスト範囲はこの問題集15ページから17ページです」と、先生は得点につながることをしっかりしゃべっています。

そもそも、**授業中に聴いた話の確認がテストです。**だから、話を聴いているかが成績にずいぶん影響してきます。

先生にとっても、話を聴いている子というだけでお気に入りになってしまいます。誰でも、自分の話を聴いてくれる相手を嫌いになることはできません。必ず、自分を大事にしてくれている、リスペクトしてくれていると感じます。

喧嘩や争いになるのは、互いの主張がぶつかるか、あるいは無視されたときだけです。

自分の話を聴いてくれている人を嫌うのは無理なのです。

これは、何も「先生と仲よくしろ」とか「先生に取り入りましょう」と言っているのではありません。

たとえ子どもが先生を嫌っていても、尊敬していなくても、話を聴いてあげるだけで先生はその子を気に入ってしまうということです。

誤解されやすいのであまり語られませんが、「先生のお気に入りの子」と「成績のよい子」は一致しやすいです。けれど、それは先生がえこひいきした結果ではなく、不公平をしているわけでもありません。**話を聴く姿勢を持っているという単純なこと**が、この子どもたちに共通しています。

□テストは味方

子どもはみんな、テストが嫌いということになっています。

実際、学校の授業で先生が「来週はテストだぞ！」と言うと、

「うえ〜」

「げぇ〜」

「やだ〜」

といううめき声がクラス中から聞こえてきます。


私個人は、小学校のときから「テストが嫌だ」と感じたことがなかったので（今考えると、変な子でした）、テストを嫌がるクラスの友だちを不思議に思い、その理由を尋ねてみま

した。

するとその答えは、

「だって勉強しないといけないし……」

「点数が悪いとお父さんに怒られるから……」

といったものでした。

この答えを聞いて、「なるほど！」と気がつきました。どうやら**学校のテストとは、「強制的に子どもに勉強させるための手段で、勉強しなかった悪い子に罰を与えるものである」と捉えられている**ようです。


どういうことかと言うと、低い点数を取った子はプライドをへし折られ惨めな気持ちになるので、これを避けたいために、嫌でもしっかり勉強するでしょう。先生は勉強しなかった悪い子を狙い撃つわけです。こうした罰によって、強制的に勉強させるのがテストの役割だという考え方です。これでは確かに好きになれません。

ところが、テストが罰であるという考え方は、先生の立場に立つと二つの意味で間違っています。

まず、**「先生は悪い点数をつけたがっている」というのは間違い**です。どちらかというと、

先生は子どもに「よい点数を取らせたくて」日々努力しているのです。

先生の仕事は基本的には教科を教えることです。生徒の理解度が上がり、成長してくれることが仕事の成果です。

これは、レストランのシェフの仕事が料理を作ることであるのと同じです。シェフは、美味しい料理を作ろうと日々努力しています。味覚や好みは人によって違いますから、レストランに来る人全員に「これはうまい！」と言ってもらうことは難しいですが、それでもなるべく多くの人に美味しいと思ってもらえる料理を目指して、材料を仕入れ、レシピの研究をして、お客様が喜んでいる顔を思い浮かべながら調理しているはずです。

先生も同じように、できればクラス全員がしっかり理解できるような、わかりやすくためになる授業を目指して、前日から準備をして、子どもの反応を見ながら授業しています。

シェフにとって「この料理はまずい！」と言われることはショックですよね。単に味覚の合わないお客が来ただけかもしれません。しかし、もしかすると料理を作るときに手を抜いてしまったり、ミスをしていたのかもしれません。

同じように、もしもテストの点数が低い生徒が予想より多かったら、それは先生にとってショックなのです。最終的に生徒次第とはいえ、自分の授業がわかりにくかったのかもしれない、もっとフォローすべきだったのかもしれないと悩みます。

多くの先生は、テスト問題を作るときに目標平均点を設定します。普通は、100点満点中65点ぐらいだとちょうどいいと言われます。世の中のテストの平均点は実際に65点前後が多いのですが、これは偶然ではなくて、出題者が65点を目指して問題を作っているのです！

なぜ65点がよいのか？　まず、テストを受ける人の大多数が半分以上を得点できるからです。これだけでも、**点を取らせてあげたいという出題者の気持ちが表れています**。平均点を30点や40点にしようと思えばできますが、平均点を50点以下に設定する出題者は少数派であるということです。

点を取らせたいのであれば平均点を80点や90点にしてもよいではないかと思うかもしれませんが、すると今度は上位層が満足できない可能性があります。簡単なテストだと、120点や130点を取れる実力があったとしても100点で打ち止めになってしまいます。ある程度、上位層と最上位層を見分ける必要もあるので、65点ぐらいに落ち着くわけですね。

小学校や、中学校でも学年のはじめのテストなら、上位層の見極めはそれほど大事ではないので、平均点を高めに設定します。たとえば80点です。

逆に、何かの選抜試験で、飛び抜けた上位層を見つけたいときは30点～40点ぐらいの低めを設定することもあります。

このように、**先生はテストの目的に合わせて目標平均点を設定する**のですが、実際の平均点が目標より大きく低いと、先生の反省がはじまります。

自分の授業に改善点はないのか？　テスト問題が不適切ではなかったのか？　なんでお前たちはもっと点を取ってくれなかったんだ？

平均点を目標にしているのは、子どもたちではなく先生だったりするのです(笑)。

もう一つの間違いは、テストの点数に過剰な意味を感じているところです。

子どもも大人も、どうもペーパーテストで、頭のよさとか、その人の将来とか、人としての価値が表されると勘違いしています。そういった大きなものがかかっているから、「頑張って勉強しなくちゃ！」となるわけですが、これは大きな誤解です。

これは、テスト問題を作る側の気持ちになってみるとすぐにわかります。学校の先生に聞いてみましょう。

「このテスト問題で、頭のよさや、その人の将来や、人としての価値が測定できますか？」

答えは「ＮＯ！」に決まっています！　そんなことを測れる問題は作ることができません。

どんなテスト問題でも、測ることができるのは「出題範囲における理解度」だけです。たとえば「小数点についてどれだけ理解しているか」や、「奈良時代についてどれだけ理解しているか」などですね。それ以上でもそれ以下でもありません。

いやいや、でも、「テストの点数に自分の将来や人間としての価値がかかっている」と捉えた方が、やる気が出るからいいじゃないかという意見もあります。しかし、事実として学校のテストにそんな機能はないので「嘘」になってしまいます。大人の嘘を、子どもは敏感に見破ります。

このように先生の気持ちになってみればわかりますが、テスト問題はとある出題範囲の理解度を測定するだけですし、先生はなるべく生徒に点を取ってもらいたいと思っています。可能な限り、教えたことを理解して点を取り、成長を見せてもらいたいと考えているのです。

というわけで、先生の立場からすると、**本来はテストを嫌いになる理由はないのですが、勝手に嫌いになる子が多い**わけです。ここで紹介した誤解を解いて、少しでもテスト好きな子どもが増えればと思います。

□テスト問題の予想は実力勝負

「けしからん！」

中学生のころ、私が友達にとある成績アップのコツを教えたら、彼はお父さんに怒られてしまったそうです。

そのとあるコツとは、「テスト問題を予想すればいいんだよ」ということ。

こう言うとまた、「けしからん！」という怒りが聞こえてきそうですね。どうも、**テスト問題を予想しようという行為は、学校や勉強の中ではズルいことと捉えられる**ようです。

「それは邪道だよ。本人に実力がつかないよ」

「そんな卑怯な子には育てたくない！」

「本来の学力がわからなくなるじゃないか」

「というか、そんなことは不可能だし、ヤマをかけて外れたら全滅して危ないだろう」

テスト問題を予想するなんてことは、

・道徳的に邪道、卑怯、ズルい
・実力、学力につながらない
・不可能、危険

というわけですね。しかし、これらの考え方は必ずしも正しくありません。テストの出題者の立場になって考えてみましょう。

学校の先生がテスト問題を作るときは、いくつかの原則があります。
まずは、

・重要で本質的なことを出題する

ということ。当たり前ですが、些細などうでもいいことは出題しません。
たとえば、算数においては直方体の体積の求め方が重要であるので、「たて3センチメートル、横10センチメートル、高さ5センチメートルの直方体の体積を求めましょう」という問題を出題します。「たて3センチメートル、横10センチメートル、高さ5センチメートルのこの直方体は何色でしょう」という問題は出題しません。算数で、直方体の色は重要でも本質的でもないからです。

同じように、「関ヶ原の戦いで勝利し、江戸幕府を開いたのは誰か？」という問題が出題されるのは、「徳川家康」が歴史上重要な人物であると考えられているからです。

徳川家康の父親は松平広忠という人物ですが、この名前を知っている人はほとんどいないでしょう。「関ヶ原の戦いで勝利し、江戸幕府を開いた人物の父親は誰か？」という問題は小中学校のテストでは出題されません。「松平広忠」については、日本の歴史を教える上で重要な人物だと考えられていないからです。

もう一つの原則は、

・テスト範囲からバランスよく出題する

ということ。

これは、テスト範囲が狭い学校のテストでも、テスト範囲が広い入学試験でも同じです。

もしも理科のテストで、その範囲が「電池のつなぎかた」「天気と気温」「星と月」だったとしましょう。その場合、出題者はまず間違いなくこの三つの分野からまんべんなく出題します。全問電池についての出題で、天気や天体についての出題はゼロだったということはありません。また、出題者によっては、暗記問題と計算問題をバランスよく出すとか、選択式の問題と記述式の問題をバランスよく出すことを考えることもあります。

ですから、**「テスト問題を予想する」ことは「ヤマをかける」ことではなく、実は正反対の行動**です。

多くの場合、テスト問題を予想するということは全範囲をバランスよくチェックすることになります。ヤマをかけて特定の部分に集中すると、ヤマじゃないところからたくさん出題されて、むしろ得点が低くなるのは当たり前なのです。

出題者が問題を作るときの原則は、

・重要で本質的なことを出題する
・バランスよく出題する

というものです。つまり、**テスト問題を予想しようとすれば「重要」で「本質的」な事項を「バランスよく」理解する必要があります。**

これが卑怯でズルいことであるとは、どうしても考えることができません。「重要」で「本質的」な事項を「バランスよく」理解することが、学力や実力と呼ばれるものでなくてなんなのでしょう。

学校の先生は「さあテスト問題を予想しよう」とは言えません。家でも「テスト問題を予想すれば成績が上がるよ」と言えば前出のようにお父さんに怒られます。本当は、テスト問題を予想することが直接的な学力アップになるのに……。

さてここで問題になるのは、そうは言っても、**超能力者でもないのにテスト問題を予想することなど可能なのか？** ということです。

結論から言えば、可能です。 そしてそれができる人は、クラスに数人はいます。その証拠を解説していきましょう。

ここで、テストで満点を取った経験を思い出してみてください。小学校の漢字テストでも、英語の単語テストでも、どんな小さなテストでもいいです。満点を取れたテストを思い出せたら、それらにはある共通点があるはずです。

そう、それらはおそらく、問題が最初から公開されていました。

「このプリントからテストが出るよ〜」と言われて、実際その通り出たパターンです。

問題がすべてわかっていたので、ちゃんと対策をしたあなたは満点を取ることができました。

どこのクラスでも、テストで毎回90点や満点を取る非常に成績のよい子が何人かいます。成績優秀なその子は、満点を取ったときのあなたと同じように、あらかじめ問題がわかっていたと考えるのが自然です。

これは何も、成績優秀な子がカンニングしているとか裏ルートで問題を入手しているということではありません。テスト問題を一字一句ピタリと予測していたわけでもありません。ありませんが、**満点を取るような生徒は、配られたテスト問題を見て「だいたいの問題は想定内だな」と感じている**はずです。80点を取る生徒ならば「8割ぐらいの問題は想定内だな」と感じているのです。

テストの得点率とは、予想が当たった率と言っても過言ではありません。テスト問題を一字一句ピタリと予測できることはありませんが、だいたいのところを予想できている生徒は、間違いなくクラスに数人はいます。それほど常人離れした超能力ではありません。

ではこの「テスト問題を予想する能力」とは、どうやったら身につけることができるのでしょうか。一つの方法は、実際に自分で問題を作ってみることです。

先生の気持ちになって、

・自分だったら、どの単元から出すのか？
・解答形式は選択にするのか、記述にするのか？
・難易度は易しくするのか、難しくするのか？

これらのことを考えながら自分で問題を作ると、たとえ予想が当たらなくても実力がガンガン上がっていきます。だって、「重要なこと」「本質的なこと」が「バランスよく」わかってくるのですから。

最初は難しいと思いますが、一度でも問題を作った経験があると、テスト問題を作る先生の考えが手に取るようにわかってきて、その後の勉強効率が大きく変わってきます。

出題者となってテスト問題を予想することは、けしかんらんことでも危ないことでもありません。より本質的で効果的な勉強の手段です。

ぜひ、お子さんと問題を出し合って、一緒に予想問題を作ってみましょう。

□勉強量ではなく勉強効率を上げなくてはならないワケ

学校や塾で教えていると、なかなか公には言いにくい事実に直面します。それは、**「一を聞いて十を知る」ことのできるいわゆる「できる子」と、10教えても1しか残らないいわゆる「できない子」は歴然として存在する**ということ。

理解力がある「できる子」というのは、問題がわからず悩んでいても、少し解説をはじめただけで「ああ！　そうか！　わかった！」とすぐに理解して、最後まで説明しようとする先生を放り出して問題を解きはじめます。

逆に、定着が悪い「できない子」というのは、何度説明しても要領を得ず、なんとか理解したと思っても翌日には全部抜けていたりします。

しかし、たとえその理解度の違いを感じ取っても、「君はできない子だね」とか「お宅のお嬢さんは定着度が悪いです」とは口が裂けても言えません。

「努力してやればできるはずなんですが……」とフォローすることになります。

学校教育の場には建前があります。それは、「すべての子どもは同じ能力を持っていて、努力量でのみ差がついている」という建前です。

生まれ持った才能はみな平等で、しかも同じ学校で勉強しているわけだから、同じ成果を出せるはず。成績に差がつくのは努力の量が違うからでしかない、という理屈です。

しかし、この建前に立ってしまうと、大きな問題が出てきます。特に、**「努力の量」を「勉強の量」と捉えてしまうと大変なことになります。**

「一を聞いて十を知る」ことのできる子をA君とします。10教えても1しか残らない子をB君とします。すると、同じ10の勉強で、A君は１００を理解しB君は1しか理解できない計算になります。なんとA君とB君の理解力は１００倍違うのです。

これを、勉強量でカバーしようとすると、B君はA君の１００倍勉強しなければなりません。A君が一日1時間勉強したら、B君は一日１００時間勉強しないと追いつかないのです！　一日は24時間しかないのに！

大人はB君に、「もっとたくさん勉強すればA君に追いつけるから」と言うのですが、これは嘘になります。ひどい嘘ですね。これを信じて必死に勉強しても、絶対にB君がA君に追いつけることはないのです。

誤解しないでいただきたいのですが、B君に「A君とは頭のデキが違うから、何をやっても追いつけないよ。あきらめなさい」というのも嘘になります。

一日100時間勉強してA君に追いつくのは時空をねじ曲げないと不可能ですが、勉強効率を100倍にしてA君に追いつくことはじゅうぶん可能だからです。

「才能の差は努力で埋めろ」とはよく言われる話ですが、この「努力」とは、必ずしも「勉強時間を増やす」「勉強量を増やす」ということを意味しません。そうではなく、**勉強効率を上げることこそが「努力」**です。

「勉強の効率を上げましょう」と言うと、何かズルをしたり、手を抜くことを奨励するような印象を与えてしまいます。「学校は効率を求める場ではない」とさえ言われます。

しかし実際は、**効率を上げるには真剣に勉強と向き合う必要があります**。少しの時間で大きな成果を上げている子は、必ず真剣です。

また、大きな成績の差があるなら、勉強効率を上げないとその差は縮まりません。成績が悪い子が成績のよい子と逆転する唯一の可能性が勉強効率なのです。

「勉強の才能」とか「頭の構造」に生まれ持った差があるのかどうかは諸説ありますが、ここでは関係ありません。仮に生まれつきの差が存在していて、A君が100の勉強効率を持っていて、B君が1の勉強効率を持っていたとしましょう。それでも、B君は100の勉強効率を目指して努力すればよいだけです。才能の差を嘆いたり、時間だけをかけて勝てない戦いをしたり、あきらめたりする必要はありません。たとえ才能に差があっても、努力して100の勉強効率を達成すればA君と同じになります。

また、この「努力」は何も勉強効率が悪い子だけのものでもありません。すでに高い勉強効率を持っているA君も、努力によって報われます。勉強効率200を目指して努力すれば、同じ勉強時間でさらに倍の成果を出すことができるわけですから。今までと同じ成果を、半分の勉強時間で出すこともできます。

この宇宙で人間が与えられた時間は、どうやっても一日に24時間しかありません。勉強のみならず、この時間をいかに浪費するかでなく、いかに上手に使うかを考えるのがよりよく生きる努力でしょう。

□「努力」と「苦労」は別物です

この本の中で私が伝えたいことの一つは、**「努力」と「苦労」は別物**であるということです。

勉強でもスポーツでも仕事でもそうですが、成功をつかみ取るにはだいたいの場合「努力」が必要です。まれに、棚ぼたで成果がもらえることもありますが、それでも、棚を開けてまわるという努力を続けたからこそ、ぼたもちが見つかるわけです。

私も、よい成績を取るには努力が必要だという意見には全面的に賛成します。

ところが、**「努力」と聞くと、「苦労」とか、「つらい」とか、「我慢」という状態を思い浮かべる人は少なくありません。**

成績を上げてよい学校に受かるためには、長時間、寝る間も惜しんで、遊びたい気持ちを我慢して勉強するのが努力だという考えです。

たとえ今はどんなにつらくとも、必ずその苦労は報われて成功する、と考えるのが日本の道徳なのです。しかし、**苦労しなければ成功してはいけないのでしょうか？**

私はかねてより「苦労しなければ成功がない」という考え方には疑問を持っていたのですが、東大に入って東大生をたくさん見たとき、この考え方が間違いであることを確信しました。

私は地方の公立高校出身だったので、大学に入ったときは知り合いがほとんどいませんでした。有名進学校出身だと、クラスに何人か知り合いがいたりするのですが、私は全員初対面です。初めて出会う東大生を興味深く観察して面白い共通点をいろいろ見つけました。**まずわかったのは「どうやら、勉強で苦労してきた人は一人もいない」ということ**でした。

た。

努力をしてきた自負がある人はたくさんいました。ガリ勉していた人はいたし、たいして勉強していない人もいました。ただ、「勉強がつらかった」とか「机に向かうのが嫌い」とか「もう二度と勉強したくない」などと言う同級生は一人もいないのです。

世間一般では、**東大生というのは血のにじむような苦労をして受験競争を勝ち抜いてきたと思われていますが、どちらかというと反対で、東大生は「苦労していない」人たち**でした。

それでも、「苦労することは美しく、成功につながる」という論理は日本の学校で一般的です。高校野球で甲子園に出るような強豪校出身者に聞いた話は東大生と対象的です。

野球部出身の人に当時のことを聞くと「練習はつらかった」「地獄の日々だった」「得たものはあったが、生まれ変わったら野球部には入らない」というつらい話がたくさん出てきます。

最近でこそなくなりましたが、部活の練習中に水を飲むことが禁止されていたのもこの「苦労することは美しく、成功につながる」という理論でしょう。

大人の世界でも、有給を使って休んだり、仕事を切り上げて上司より早く帰ることは不道徳な権利行使だと思われがちです。人よりつらい思いをすることで出世できるのです。

このように**「苦労しなければ成功してはいけない」というのが学校の建前、日本社会の建前**なので「楽しく成功する方法」は許されません。

「楽しく成果を上げる勉強方法」を学校で教えることは、野球部で水を飲んだり上司より早く帰ったりすることと同じく、不道徳とされてしまうのです。本当は、勉強で成功したと言われる東大生のほとんどは苦労してきていないのですが。

つらい試練に耐えることで成長することはあります。厳しい環境が人を育てることはあります。しかし、「苦労」と「努力」を混同したまま「努力」を語るのは、本当に必要な努力まで嫌いになってしまいかねない危険な考え方です。

努力は決して無駄になりませんが、苦労は報われないことがあります。寝る時間を削って、友達と遊ぶことも我慢して勉強しても、成績が上がらず志望校に落ちてしまうことはあります。そのとき、「今までの努力は無駄だったんだ」と考えてしまうと、この先の人生で努力することが信じられなくなってしまいます。

では、「努力」と「苦労」は何が違うのでしょう？

辞書で「努力」という言葉を調べると**「目標に向けて邁進する力」**と書いてあります。

この定義によると、努力の条件はまず、目標に向かっていることです。そして、苦しかったりつらかったりする必要はありません。また、どのくらいの時間を使うかも関係していません。

目標に向けて力を使っていれば、楽しくて短時間であっても努力です。逆に、**つらく苦しくても目標に向かっていなかったら、それは努力ではない**ということです。

もちろん、目標に向けて努力する途中には、つらいこと苦しいことがあるかもしれません。そのときはつらくとも前に進む必要がありますが、あくまで目標に向かっていることが前提です。

山の頂上まで登るのが目標としましょう。あなたの前には登山道があります。この登山道は頂上まで続いています。頂上までの道のりには、眺めのよい絶景ポイントがありますし、冷たい湧き水が飲める休憩スポットがあります。高山植物や珍しい鳥に出会えるかもしれません。ただし、平坦な道ではなくて急斜面を登らないといけない場所もあります。しかし、歩き続ければ必ず頂上までたどり着きます。

一方、あなたの前には藪があります。登山道を外れてこちらを進むこともできます。道がなく、一歩進むのにもナタで邪魔な植物を切り払わなければいけません。木々が生い茂っていて視界も悪いです。毒をもった虫や蛇が足元にいても気づかないでしょう。また、この先は崖になっていて登るのは大変そうです。それに登山道ではないので、進んでも頂上に向かう保証はありません。最悪、山で迷って遭難するかもしれません。

さあ、あなたはどちらに進むでしょうか？

日本では、藪に進んで苦労するのが美徳と言われます。たとえ頂上から遠ざかったとしても。登山道を使うのは、楽だからけしからんというのです。

登山道がずっと楽だというわけではありません。心臓がきつくなる急斜面もあります。しかし、一歩一歩頂上に近づいていることがわかっているから、きつい斜面も楽しくなります。これが努力です。

登山道を登る限り、ペースは人それぞれですが全員が頂上まで登ることができます。根性があってもなくても、運動神経があってもなくても、歩き続けるかぎり、いつかは頂上にたどり着けるのです。**これが「努力は決して無駄にならない」という意味。**

しかし、道なき藪に進むと、木の枝を切り払いつつ、蛇に噛まれそうになりつつ、たまたま正しい方角へ進み頂上にたどり着けるのは、ものすごく運がよいか、ものすごく才能に恵まれた一部の人だけです。「苦労が報われなかった」人はたくさん出てしまうのです。

子どもたちには、努力が好きな人に育って欲しいと思います。しかし、**努力という名前**

で苦労の道を押しつけてはいけません。努力とはつらいもので、しかも成果が出ないことがあるのだと勘違いすると、努力まで嫌いになってしまいます。

努力とは、つらいか楽しいかは関係なく、一歩一歩目標に近づいているかが重要です。まずは楽しい努力をして、それでも足りないならつらい努力も厭わないという生き方が、楽しく成果を上げる生き方なのです。

第2章

主体性の正体

勝手に伸びる子を育てる秘訣は子どもの立場を知ること

□大人と子どもは生きている時間が違う

「このまま勉強しないと、うちの子は将来どうなるのか……」という不安は、どんなにかわいい子であってもつきまといます。

決して学歴がすべてではないにしろ、成績が悪いまま努力もせずよい学校に行けないと、そのままよい職業につけず将来苦労するに違いない……。

社会を見てきた親だから感じる不安なのですが、どうも子どもには伝わりません。それもそのはず、**子どもと大人は生きている時間が違う**のです！

「歳をとると、時間が経つのが速くなる」とはよく言われることです。「もう今年も半分過ぎたのか」「10年はあっという間だったな」というセリフは、歳をとるほどよく出てきます。

では、具体的にどのくらい時間が経つのは速くなるのでしょうか？

時間の速度が速くなると言うと、タイムマシンみたいですね。相対性理論によれば宇宙ロケットや人工衛星のスピードになると本当に時間の速さが変わるそうですが、ここでの話は人間が心理的に感じる「体感時間」についてです。

年齢と体感時間については、**「ジャネの法則」**（58頁「ジャネの法則」参照）というものが知

られています。ポール・ジャネというフランスの哲学者が考案したのですが、これによると、

「体感時間は、年齢に反比例する」

どういうことか、8歳の子どもと40歳の大人で比べてみましょう。

この子どもと大人で、年齢の差は5倍です。体感時間は年齢に反比例するので、同じ時間は40歳の大人にとって、8歳の子どもの5分の1に感じられます。子どもから見ると、同じ時間は大人の5倍に感じられます。

つまり、大人にとっての1時間は、子どもにとって5倍の5時間に感じられます。逆に、子どもにとっての1カ月は、大人にとっての5カ月に相当します。

小学生のころの夏休みを思い出して欲しいのですが、終業式から次の始業式がやってくるまで、永遠かと思えるぐらい長く感じたのではないでしょうか？　夏休みが40日間だとすると、ジャネの法則によれば大人の6～7カ月ぐらいに感じられます。

このジャネの法則は必ずしも正確ではないのですが、多くの人の実感と合うのではないかと思います。

もう少し子どもが大きくなって、15歳の子どもと47歳の大人になると年齢差は3倍ちょ

ジャネの法則

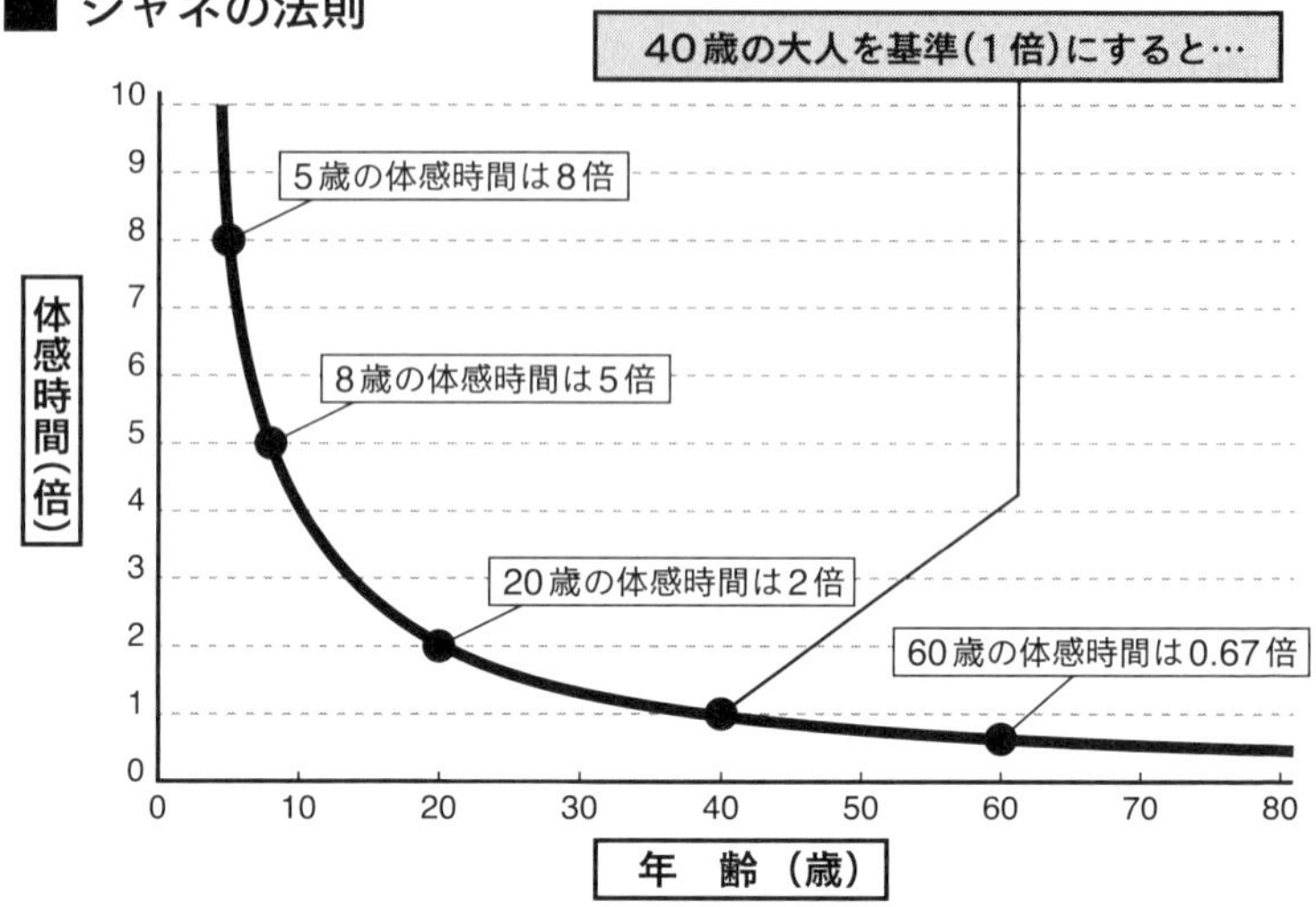

っとで、時間の経ち方も3倍ぐらいに縮まってきます。それでも、3倍の差は大きいですが。この**体感時間の差は、双方にとってコミュニケーションの大きな障害になります。**

8歳の子どもが40歳の大人にこう言われたとしましょう。

「一日1時間勉強しましょう！」

大人にとっては、そんなに実行が難しくない、まあ妥当な感覚です。しかしこれは、子どもにとって「一日5時間勉強しましょう！」と言われたようなものです。

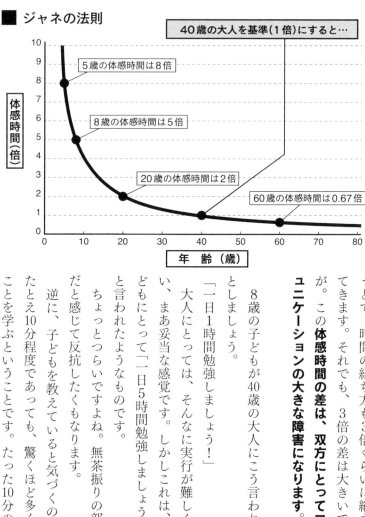

ちょっとつらいですよね。無茶振りの部類だと感じて反抗したくもなります。

逆に、子どもを教えていると気づくのは、たとえ10分程度であっても、驚くほど多くのことを学ぶということです。たった10分の勉強であっても、大人にとっての1時間の勉強に相当するのです。

大人の基準で子どもにがんばりを押しつけると、行き違いが生じることがあります。

さてここで、８歳の子どもに将来の話をしたとしましょう。

「今勉強することは、必ず将来役に立つからね」

ここで言う将来とは、就職して働きだした20年後ぐらいでしょうか？　そうすると、子どもにとっては20年の5倍の「１００年後」の話をされている感覚になります。１００年後というと、将来どころか老後も通り越している可能性が高いです。来世になってしまうかもしれません。

つまり、「今勉強することは、必ず来世で役に立つからね」と言われていることと同じぐらい、現実味がない話なのです。

「そんなこと知らないよ！」と言いたくもなりますね。来世で役に立つことより、明日役に立つことを知りたいのは大人も子どもも同じです。

もちろん、子どもにはなるべく長い時間軸を視野に入れてもらいたいとは思います。

「かわいいからインコを飼いたい！」とその場の感情で判断するより、餌やりはどうするのか、旅行に行くときの世話はどうするのか、寿命はそんなに長くないけど大丈夫か、といった長期的な視点で判断するのが大人です。

しかし、考えられる時間軸がだんだん長くなるのが成長というもの。大人でも１００年後の国のことを考えられる政治家がまれなように、20年後の将来を考えられる子どもはまれです。

大人の基準を子どもに押しつけるよりも、子どもとはそういうものだと思って接した方がストレスが少ないでしょう。むしろ、今の1分1秒を大切にしているという意味では、子どもの方が有意義な人生を送っているかもしれません。

□子どもの成長に合わせて親の接し方を変える

「5分待って！」と子どもに言うとき、それは「25分待って！」と感じられます。「1時間は勉強しなさい！」と言うことは、「5時間は勉強しなさい！」という意味。「明日の準備終わったの!?」と言ったら、それは「5日後の準備は終わったの!?」ということ。「将来のことをしっかり考えて！」とは「来世のことをしっかり考えて！」

子どもの時間に翻訳すると、言いたいことと受け取り方のギャップがわかると思います。

子どもには主体的に勉強してもらいたいと誰もが考えると思いますが、ここで注意したいのは「主体的」の意味についてです。

実は、この**「主体的」というものは、子どもの成長段階によって大きく意味を変えていきます**。「主体的」の変化に親が対応できないと、子どもとコミュニケーションが取れない、ちぐはぐでストレスが溜まる子育てになってしまいます。（63頁「親子の主体性割合」参照）

たとえば、子どもが小さなうちはのびのび育つのがいいと思って何も口を出さずにいたのに、中学生になって成績が伸びないことに業を煮やしてガミガミ言いだし、そうしたら子どもが反抗して言うことをきかなくなった……というのがよくない例です。

よかれと思って子どもに接しているのに、なぜ、このようなことが起こってしまうのでしょうか？

まず、子どもがこの世に生を受けたとき、それはお母さんのお腹の中からはじまります。この時点ではお母さんと一体の生命体で、ほとんど区別がありません。お母さんの健康がそのままお腹の赤ちゃんの健康で、子どもが何を考えているかとか、何を感じているかなどはなかなか感じられません。

そして、おぎゃあと生まれてへその緒が切り離されると、一応は別の生命体として生きはじめます。とはいえ、まだ24時間お母さんがそばにいるケースが多いですし、親が食べ物を与えないと一人で生きていけません。もう少し大きくなっても、食べ物を与えるのも、服を選ぶのも、おもちゃを選ぶのも全部、親。だいたいのことは親が決めて、親が指示します。

乳児期・幼児期の親子の関係を主体性の割合で表すと、親9に対し子ども1ぐらいでしょうか？　子どもの人生は、ほとんど親が握っています。

一方で、子どもが成人したときを考えてみましょう。

何歳で成人とするかは諸説ありますが、日本の成人式は20歳で行います。お酒とタバコがOKになるのも20歳です。しかし運転免許を取れるのは18歳ですし、選挙権が与えられるのも18歳に引き下げられました。働きだすと一人前とみなす意見もあり、18歳で働きだす人のことを考えると、同じ歳の大学生も大人扱いされることが多いです。

国によって法律は違いますが、現代社会ではだいたい18歳～20歳ぐらいで大人になるとみなされています。

この年になると親の承諾なしで契約を結ぶことができますし、財産も責任も完全に個人のものとみなされます。結婚も自分の意思だけでできます。大学生だと経済的に自立していないことは多いですが、働いて生計を立てることもできます。

この時点になると、親の影響がなくなることはないにしろ、自立して責任能力を持って

親子の主体性割合

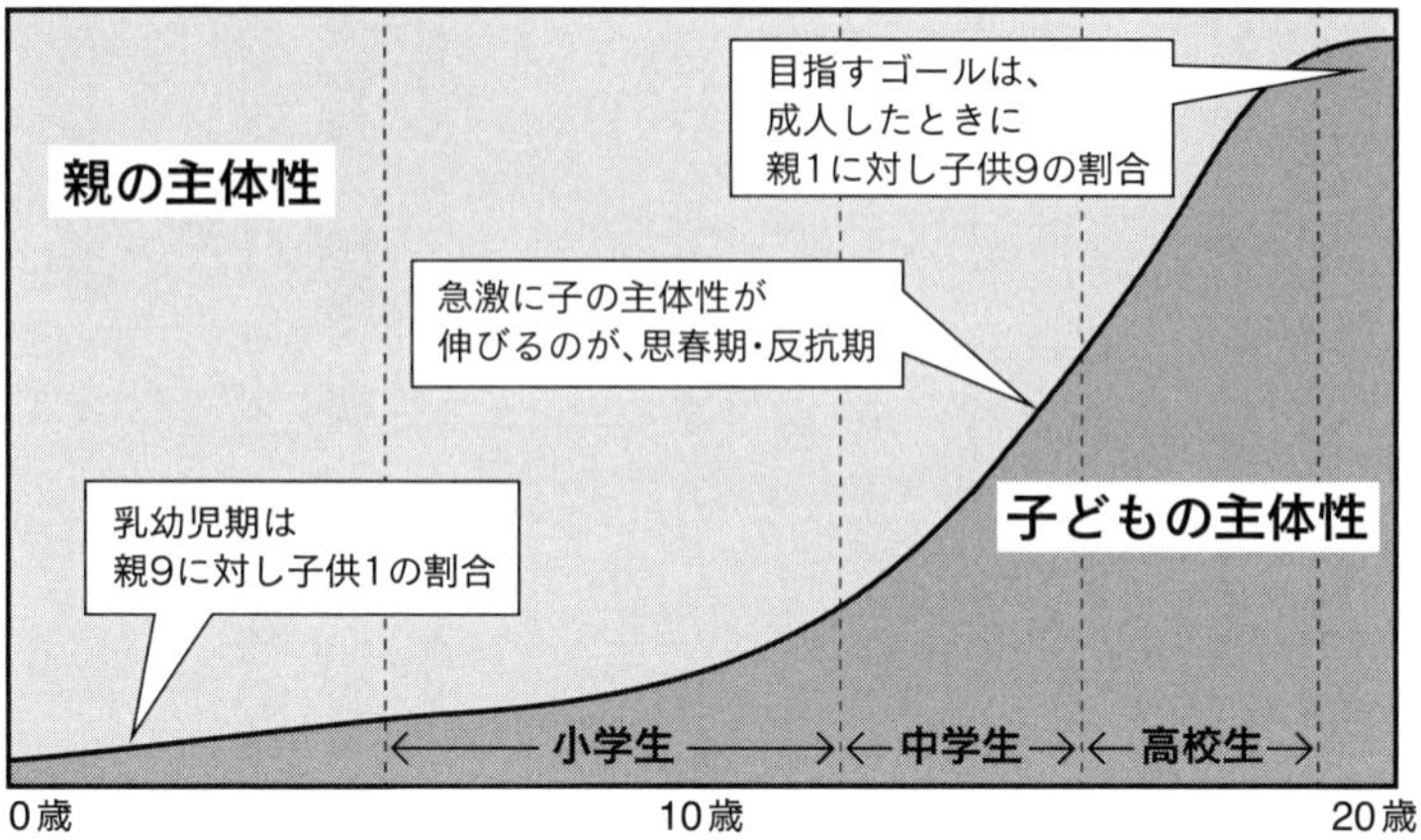

いるのが普通なので、割合で表すと親１に対し子ども９ぐらいになります。もはや、親の判断は参考材料でしかありません。親の意見と違う会社で働くこともありますし、親の経済力とは関係なく、稼いで親よりよい暮らしをする可能性もあります。

さて、ここで注意すべきことがあります。

それは、法律上は20歳でいきなり大人になりますが、親子の関係は20歳を境にいきなり９対１から１対９になることはないということです。大人になるまでに必ず、７対３や、５対５、３対７の時期があります。

親子の関係が、親９対子１、あるいは親８対子２ぐらいの時期は、子どもはだいたい素直に親の言うことを聞いて、判断を親や周りの大人に任せます。

学校に行きなさいと言えば学校に通うし、ピアノを練習しなさいと言えば練習します。部屋を片づけなさいと言えば、いやいやながらも片づけるし、ご飯を残さず食べなさいと言えば完食するよう努力します。

個人差は大きいものの、**小学校の中学年ぐらいまでは親が優勢な時期**です。**この時期は勉強に関しても、「頭がよい」「成績がよい」と言われる子のキーワードは、「素直さ」**です。言われたことを素直に受け入れてどんどん吸収することが成長につながります。

ところが、小学校の高学年から中学生になると、急に自我が目覚めはじめます。いわゆる、思春期、反抗期と言われる時期です。

身体が大きくなって力が強くなり、お父さんお母さんの身長を抜くぐらいになってくると、親に隷属していることに疑問を感じて自分の居場所を作ろうとするのです。「そろそろお風呂入ったら」とお母さんが言うと「うるせえんだよ！」と反抗的に返事をしたり、学校から帰ってくるとすぐに自分の部屋に引きこもったり。

親としてはストレスが溜まる状況ですが、子どもとしては必死に背伸びをして、自立しようとがんばっている時期でもあります。

このまま順調に子どもの自立が進めば、高校生で親3対子ども7ぐらいの親子関係になっているはずです。子どもは親の言うことをあまり聞きません。子どもを育てるというよりは、友達に近い関係になっているかもしれません。たとえば、習い事を続けるかやめるかは子ども本人が決めているでしょう。

そして、18歳になったときに親1対子ども9の自立具合になっているというのが順調な成長のモデルケースです。

高校生になると、「頭がよい」「成績がよい」と言われる子のキーワードは「自分の頭で考える」ということに変わります。**小さいころの「素直さ」とはまるで正反対**です。

言われたことしかできなかったり、教えられたことを無批判に受け入れるような高校生は、むしろ、頭が悪そうに見られます。

まとめると、**小さなころの「主体的な勉強」とは「親が主体的になること」**で、子どもは素直な方が伸びます。

「うちの子は勉強に興味がないなぁ」と感じたら、たいてい、お父さんお母さんが勉強に興味がありません。子どもは素直に親の興味に従っているだけです。

子どもが本を読まずにテレビとゲームばかりな理由は、お父さんとお母さんがテレビとゲームが好きだからです。小さなころは、学校選びにしろ、習い事にしろ、親がよいと思う教育環境を積極的に用意した方がよいでしょう。

しかし、子どもが**大きくなるにつれ「主体的な勉強」とは「自立して自分の頭で考えること」**に変わっていきます。

中学生や高校生になった子どもが親の想い通りに行動してくれないのは当たり前で、むしろ子どもの自立が順調に進んでいるとも言えます。

高校生に「勉強しなさい！」と頭ごなしに命令しても、むしろ逆効果。基本的に親の言うことは聞きません。「うるせえよ！」とより反抗的になることが多いです。

親子関係の主体は子どもに移りつつあるので、「何をしたいのか」「どうなりたいのか」といったことを聞いて、なるべく子どもの意見を尊重してあげることが子どもの自立と成長につながります。

このように、子どもは成長とともに変わるので、親は子どもの成長にあわせて接し方を変える必要があります。

よくある失敗例その1は、本項冒頭の、

〟子どもが小さなうちはのびのび育つのがいいと思って何も(勉強に)口を出さずにいたのに、中学生になって成績が伸びないことに業を煮やしてガミガミ言いだし、そうしたら子どもが反抗して言うことをきかなくなった〟

というケースです。もし、お父さんお母さんが本当に「勉強や学校なんてどうでもいい！　大切なことは他にある！」と考えているなら、最初から最後まで勉強学業には口を出さず、それはそれでよいと思います。

しかし、本当は「ある程度の勉強や教養は大事」と考えながらも子どもにそれを伝えず、教育環境を整えることをさぼっていたのに、後になってから「なんでおまえは勉強しないんだ!!」と怒っても、子どもとしては「お前がそう育てたんだろう！」としか思えないですよね。

逆に、小さなころからしっかりすぎるほど勉強させたせいで、上手くいかないケースもあります。

〟お母さんがしっかり勉強をみて、小学生から塾に通い、必死に勉強して名門中学に合格したのに、その後が伸びなくて、親の期待通りの大学には行けなかった〟

というケース。小さなころに親が主体性を発揮して上手くいったので、そのまま同じように中学高校も大学受験も親が引っ張ろうとするとこのようなケースになります。

大きくなっても親が引っ張ろうとすると、子どもの主体性や自分の頭で考える能力が育たず、結果伸び悩んでしまうのです。


子どもは全員、たった一人の個性的な存在で、**主体性の成長スピードはみんな違います。**小学生のころから大人びていて自分の意見をバリバリ主張する子もいれば、高校生になっても親にNOと言わない子もいます。

だから、**何歳まではこう育てて何歳からはこう育てましょうと決めるのではなくて、一人ひとりを見ながら成長に合わせて接し方を変える**しかありませんが、「子どもが小さいときは親が主体性を発揮して、成長とともに子ども自身の意思や判断を尊重していく」のが、良好な親子関係を保って子どもの学力を伸ばすコツの一つでしょう。

□なぜうちの子はゲームばかりして勉強しないのか？

「なんでうちの子はゲームばかりしていて全然勉強しないの……？」

世の中のお父さんお母さんの悩みナンバー1がこれかもしれません。1983年にファミコンがこの世に出て以来、30年以上も解決されていない悩みです。ゲーム業界が自ら「ゲームは一日1時間まで！」と言ってみても、やっぱり解決されません。

ゲームをしている時間と情熱を全部勉強に使ったら、絶対成績が伸びるのに！　と思っている親はたくさんいるでしょうし、私もたくさん会ってきました。

こう言うと驚かれるのですが、実は、この悩みには非常に明確な答えがあるのです。

「うちの子は毎日ゲームばかりしていて、全然勉強しないんです。なぜでしょうか？」

教育とゲームについて考えるセミナーで、あるお母さんが、実際にゲーム開発者に質問していました。

そのゲーム開発者の答えは非常にシンプルでした。

「もしかして**お母さんは、子どもを叱るのに必死になっていませんか？　私たちは褒めるのに必死**なんです」

そう、ゲームの中ではいちいち細かく褒められ、ご褒美がもらえます。敵を1匹倒すごとに、お金がもらえます。新しい街にたどり着けば、新しいアイテムを買うことができます。長い洞窟の最下層には、ご褒美の宝物が眠っています。

ただご褒美を与えるだけではありません。同じようなご褒美だと、プレイヤーはすぐに飽きてしまいます。他のゲームと同じようなご褒美でも飽きられてしまいます。

だからゲーム開発者は、ご褒美でキャラクターが強くなるだけでなく見た目も豪華になるようにしようとか、途中で失敗してもボーナスをもらえるようにしようとか、手を変え、品を変えて褒め方を考えます。ゲーム開発者は、このようにプレイヤーを褒めるのに必死なのです。

何かするたびに、プレイヤーはご褒美をもらえるようになっています。最近のスマホゲームでは、なんと一日1回ログインするだけでボーナスがもらえます。

一方で、「問題を1問解いたんだ！　えらい！」「今日教科書を開いたんだ！　すごいね！」と褒める親はまずいません。代わりに「学校の宿題は終わったの？」「またこんな点数を取って！」と叱るのに一生懸命です。

褒める教育と叱る教育、どちらがよいのかについては議論がありますし本書でも後で述べますが、**子どもが動くのはどちらかというのは明らか**なようです。

「そんなこと言っても、うちの子は褒めるようなことをしなくて……」と言うのであれば、ゲーム開発者を見習ってみるのがよいでしょう。

ゲームではいちばん弱い敵を1匹倒しただけでも、必ずご褒美がもらえます。たとえそれに必要なプレイヤーの行動が「ボタンを1回押す」だけであっても、成果が褒められます。

同じように、朝挨拶をしたとか、学校から無事に帰ってきたとか、一見当たり前の行動にも褒めるべきところはあるのです。

褒めるコツは、ゲームに倣って「いちいち褒める」ということです。

机についたら褒める、1問解いたら褒める、1行書いたら褒める、1ページ進んだら褒める。成績がよかったら褒める、成績がいまいちでも褒める。

この「いちいち褒める」というコツは、子どもが小さいほど、現状勉強ができないほど有効です。

中高校生ぐらいになったり、ある程度勉強ができるようになってくると「こんなことでいちいち褒めるなんて、バカにしてるの？」という反応が返ってくるかもしれません。

そのときは、子どもの成長を喜びましょう！

ただ、注意してもらいたいのは、単純に「褒めて育てましょう」と言いたいわけではないということです。後ほど説明しますが、**褒めて伸ばす教育にも弊害があり、たとえば子どもが、褒められるためにあえて低い目標を設定しがちになります。**

しかし、少なくとも「小さなことにいちいち叱る」ヒマがあったら「小さなことにいちいち褒める」方が、子どものやる気が出るし、親の精神も安定するのは間違いないです。

□子どもは勉強が嫌いというのは本当か？

子どもは勉強が嫌いで、勉強しないのが当たり前。だから親や教師が上手に動機づけして将来のために勉強させないと……。

子どもの教育が話題になるとき、必ずこのようなことが言われます。しかし、本当に子どもは勉強が嫌いなのでしょうか？

「中学2年生の勉強嫌いは約6割」

東大とベネッセが行った調査で、このようなアンケート結果が出てニュースになりました。このニュースだけをみると、確かにほとんどの子どもは勉強が嫌いで、親や教師がなんとかしなければならないように思えます。

ところが、このアンケート結果を詳しく見てみると、もっと面白いことがわかります。

この調査は、小学生から高校生およそ１万人にアンケートをしていますが、これによると小学生で「勉強が嫌い」と答えたのは、

１年生でおよそ20％
５年生でおよそ30％。

中学生、高校生になると「勉強が嫌い」と答える子が50％〜60％になります。

つまり、**小学校１年生の段階ではほとんどの子（80％）が勉強好きで、だんだんと勉強嫌いが増えていく**わけです。そして中学生や高校生になると勉強嫌いが増えますが、それでもおよそ40％が「勉強が好き」と答えているのです。

このアンケート結果を素直に見ると、「勉強が好き」である子どもの方が普通なのです。**子どもは勉強が嫌いなので無理矢理やらせないといけないというのは、大人の間違った思い込み**です。むしろこの姿勢は、「勉強はつらくて大変なものである」という思い込みを

植えつけて、勉強嫌いの子どもを増やしている原因の一つでしょう。

それでも、「いやいやうちの子は勉強が嫌いで全然しないよ……」という方もいるかもしれませんが、誤解する理由は、大人と子どもの時間の流れ方の違いにもあります。

子どもの時間は大人の5倍のスピードで流れるので、30分も勉強したら、それは2時間半勉強したことと同じ気分になります。

たとえゲームやサッカーが楽しくても、2時間半もやればそろそろ飽きてきそうです。子どもはたっぷり勉強してもうじゅうぶんだと感じているにもかかわらず親から見ると、「うちの子は忍耐力がなくて30分しか勉強しない!」となってしまいます。

普通の小学生は学校に行くだけで5時間や6時間の授業を受けています。体感的には20時間以上、丸一日たっぷりと勉強しているのです。勉強が大好きだとしてもそろそろ別のことがしたいでしょう。

ここまで言ってもまだ、「それでも勉強嫌いの子どもは20%ぐらいいて、うちの子はその20%だ!」と主張してくる方もいます。しかし、実際に子どもたちに接していて感じるのは、**「好奇心」と「達成欲」がない子は存在しない**ということです。

わからないものを知りたい、新しいものに出会いたいという「好奇心」は、人間の基本的な欲求です。刺激がない部屋に一人で閉じ込められると、退屈さのあまり5日間で精神がまいってしまうそうです。

「達成欲」は何かを成し遂げることに喜びを見出すことですが、成し遂げることはそんなに大きなことである必要はありません。クイズに1問正解したり、部屋を片づけてきれいになったりといったことでも人は達成感を感じます。

好奇心を満たしたくなくて、「植物の種が発芽する条件を知っちゃったよ……理科なんて嫌いだ!!」という子どもはいません。

達成欲を満たしたくなくて「テストで１００点を取っちゃったよ……二度と勉強しない!!」という子どももいません。

どんな子も、必ず好奇心と達成欲を満たしたがっています。

勉強が好きな子はなぜ勉強が好きかというと、勉強によって「好奇心」と「達成欲」が満たされるからです。新しい知識を得たり、できなかったことができるようになったり、テストの点数が上がったりするから勉強が楽しいのです。

「鉛筆で文字を書くのが好き」とか「机について椅子に座るのが好き」などという子はまずいません。

勉強が好きでないとすれば、それは単に勉強のやり方が悪くて「好奇心」と「達成欲」が満

たされないだけです。

勉強しても植物の発芽する条件がわからず好奇心が満たされなければ、勉強が嫌いになっていくでしょう。勉強してもテストの点数が0点だったら、達成欲が満たされなくて勉強が嫌いになっていくでしょう。

つまり、**「勉強が嫌いな子」はおらず、「勉強のやり方が悪い子」がいる**だけです。

そして、勉強は本来、好奇心と達成欲が満たされる楽しいものです。

勉強はつらくつまらないものであると思い込んで、その先入観を子どもに押しつけるのはやめましょうね。

□ 勉強嫌いを育ててしまう「将来のため」という言葉

勉強が楽しくなる理由は「好奇心」と「達成感」が満たされるからという話をしました。

教育熱心な方ほど、そんなことは当たり前だと感じるかもしれません。しかし、ここに注意しないと、よかれと思って子どもにかけた言葉が、魔法のように勉強嫌いを作ってしまうのです。

その言葉とは、

「今勉強していることは将来役に立つことだからね」

不思議に思えるでしょうが、**非常にまっとうなこの言葉が、勉強嫌いを作り出します。**

なぜでしょうか？

だいたいの大人は、「勉強したことは無駄にはならなかった」と感じています。「子どものころ、もっと勉強しておけばよかったなぁ」と後悔している大人はたくさんいるのに「子どものころ、あんなに勉強しなければよかったよ」と後悔している大人はまずいません。

学校で勉強したことは、それなりに役に立っていると感じているから、子どもにも勉強を勧めたくなるのでしょう。

しかし、断言しますが、**学校の勉強は実際のところ「役に立たないこと」の方が多い**です。

「学校で勉強したことが役に立っている」というのは、**「学校で勉強したことのうち、現在役に立っていることがないこともない」というのがより正確なところ**です。

小学校までのカリキュラムは、日常生活に役に立つことを主眼として組まれています。たとえば漢字の読み書き、たとえば分数小数の計算です。

日本で生きていく上で、漢字を読み書きできないと非常に不便です。新聞を見てもニュースが読めないし、お店の看板を見ても何屋さんかわかりません。銀行口座の開設申込書も書けません。

分数小数の計算も役に立ちます。買い物するときに、消費税抜きと消費税込みの値段がどう違うか計算できないと、お釣りをもらってもそれが正しいのかどうかわかりません。

しかし、学年が上がるにつれ、なぜだか生活の役に立つことと学校で勉強することはズレていきます。

中学校や高校になると、国語の授業で古文漢文がはじまります。新聞が枕草子の仮名遣いで書かれることはないにもかかわらず勉強させられます。漢文の返り点がお店の看板に書かれていることもありません。古文漢文が読めなくても、日常生活にまったく支障はありません。

数学では、二次関数やサイン・コサイン・タンジェントを勉強するようになりますが、日常で三角関数を使っている人は全国民の何%でしょうか？

「学校の勉強は役に立つ」というのは大人の嘘で、役に立つのは概ね小学校ぐらいまでです。中学校で習うことから、急に役に立たないことが増えてきます。

勉強嫌いが、中学生から急増する理由もここにあります。

「役に立つから勉強しましょう」と言われて、小学校までは確かに役に立っていたのですが、中学生になると何の役に立つのかわからない勉強が増えてきます。このころに**「学校の勉強は役に立つ」というのが大人の嘘であること感じ取って、大人を信用しなくなって勉強も嫌いになってしまう**のです。

本来、枕草子を読んで楽しい理由は「平安時代の人は何を考えていたのだろうか？」とか「春の夜明けを美しく表現するのはおもしろいなぁ」といった好奇心でしかありません。枕草子を読んで自分の文章表現に役立てようなんて人は非常にレアです。

勉強したくなる動機は好奇心だったのに「役に立つから」だと教えると、中学生になったころに実は役に立たないことだらけだと知り、裏切られたことで勉強が嫌いになってしまうのです。

さらに、

「今勉強していることは将来役に立つことだからね」

この言葉は好奇心を遠ざけるだけではありません。**達成感も遠ざけてしまいます。**

達成感を感じるのはいつでしょうか？　当たり前ですが、「達成したとき」です。富士山の山頂に登って達成感を感じるのは、３７７６メートルの山頂まで登ったときです。５合目の駐車場から８合目の山小屋に向けて出発したときではありません。

同じように、達成するのが「将来」だと言われれば、達成感を感じるのも将来だということでしょう。つまり、今勉強していることによる達成感を味わえるのは、20年後だと言われているのです。

子どもの体感時間は大人の５倍です。20年後は１００年後に感じられます。

「今勉強していることの達成感を味わうのは１００年後だからね」

こう言われたら、勉強はまったく魅力的でなくなりますよね。

勉強することで達成感を味わおうとしているのに、１００年後まで我慢しろと言われるのです。

せっかく好奇心と達成欲に燃えて勉強しようとしているのに、「勉強は役に立つからするものだ」と嘘を教えられ、達成感を味わうのは１００年後まで先延ばしされます。

このように、**よかれと思って言った言葉が、子どもの好奇心と達成感を潰してしまう**ことがあります。

どうしても「今勉強していることは将来役に立つことだからね」と言いたくなったら、**「学校の勉強は、将来役に立つこともあるよ」と正確に伝えましょう！**

□「勉強させるには興味を持たせる」ことの罠

どんな子どもも、興味があることは進んで勉強します。だから、勉強好きの子どもを育てるには、その興味を引き出すことが大切だと言われます。

たとえば歴史好きの子どもを育てたいなら、歴史の面白さを伝えて興味を引き出すのが王道です。

とある人気の歴史の先生は、戦国時代を説明するときに、当時の槍を自作していました。織田信長が合戦で強かった秘密は「長い槍」だという説があります。当時の槍は長くても二間半（約4・5メートル）程度だったところ、織田信長は三間半（約6・3メートル）の長槍を導入していたということなので、実際にこの2種類の槍を作って教室で模擬戦をしてみました。

やっぱり長い方が有利だとか、長すぎて扱いづらいとか意見はありましたが、子どもたちは興味津々です。こうして、子どもたちは授業に引き込まれていったのです。

さて、このように子どもの興味を引き出して勉強させるのは非常にまっとうで大事なことです。

この先生に教えられた生徒のうち、歴史が大好きになった子はたくさんいるでしょう。私も、「子どもは好奇心があるからが勉強好きだ」と言いました。

しかし、**「勉強させるために興味を持たせる」という順番では、勉強や成績が伸び悩む大きな罠が待っている**のです。

この方法では、「全科目を勉強させるには全科目に興味を持たせなければならない」からです。

たとえば、三国志に興味津々の子がいます。武将の名前を何十人も憶えています。自分で何冊も文献を探して読破したりします。

ではこの子は、このまま中国史に興味をもって中華民国の成立についても勉強しだすでしょうか？

そうなるケースは非常にまれです。

三国志好きが中華民国に興味を持つこともまれならば、三国志好きがアメリカ独立戦争や参勤交代に興味を持つことはもっとまれです。さらに、この子は歴史の他にも、国語も算数も英語も理科も体育も音楽も勉強しなければなりません。古代中国史や近代ヨーロッパ史の他にも、電池の作りやモーターの動き方、直方体の体積に動詞の上一段活用、ベートーベンやｂｅ動詞についても興味津々になる必要があります。

全科目全教科についてよい先生に出会い、楽しさを理解して興味を持つことができたら、それは幸運で素晴らしいことなのですが、現実的に期待できることではないでしょう。

「興味を持てば進んで勉強する」とは「興味がないことは勉強しない」の裏返しなのです。特定の教科を勉強させたいときには有効なことがあるのですが、このスタイルで全教科の成績を上げようとするのは無理があります。

他方、天文好きで毎回理科のテストで90点以上を取る成績のよい子がいます。宇宙や天体観測が大好きで、理科の時間に太陽や月の動きが出てくると興味津々です。しかし、この子は磁石や電流には面白さを感じていないようです。

ではこの子は、磁石や電流の単元になると成績が悪くなるかというと、そうではありません。「この分野あんまり好きじゃないんだよねー」と言いながらやっぱり90点を取ります。

興味がないと成績が悪くなる、とは限らないわけで、テストの点の取り方がわかっていればやっぱりよい点を取るのです。

歴史や天文に興味を持つことは素晴らしいことで、必ずその子の人生を豊かにしてくれます。歴史と天文の成績も上がることでしょう。

しかし、「社会や理科の成績を上げる手段」として「歴史と天文に興味を持たせよう」というのは歴史好きと天文好きに対して失礼であるし、他の算数と英語で上手くいくかどうかわかりません。

ここで強調したいのは、**もし目的が学校の成績やテストの点数を取ることならば、成績や点数を目標に勉強した方が近道でやる気も出る**ということです。

勉強して点数が上がるなら子どもは勉強します。点数が上がって嫌な顔をする子どももいません。勉強をしたくなくなるのは、勉強しても成果が上がらないときだけです。勉強で達成感を味わえるなら勉強するし、味わえないなら勉強しません。

もちろん、歴史や天文の面白さを子どもに伝えたいならばそれは必ず伝えるべきで、「よい先生」の多くはその教科の面白さ、楽しさを子どもたちに伝えようと必死です。それが教育者の役目と言ってもよいでしょう。

だからこそ、点数や成績を目的とした勉強は教育業界では嫌われ者で、「テストの点数のための勉強やテクニックは、本質的な理解につながらない！」と批判されます。

もし、親として心の底から「学校の勉強で、点数や成績は必要ない！」と考えているならば、それはそれでよいと思います。

三国志だけに興味があって、他のことには興味がなくても、自分の好きなことを思いっきりやって立派な大人になり、三国志の専門家として大成功するかもしれません。

しかし、少しでも「よい点を取りたいなぁ」とか「成績を上げたいなぁ」と思っているなら、それはそれで素直によい点数と成績を目指しましょう。

間違いなく遠回りするよりも点数と成績は達成できますし、何より自分が達成したいと思っていることを達成するのですからやる気が出ます。

「興味がないことでもなんとか興味を持ちなさい」と言われるのと「よい成績が欲しいなら、よい成績を手に入れなさい」と言われるのでは、どちらがやる気が出るでしょうか。

□勉強のやる気が出ないのは、勉強の仕方がわからないから

「テスト勉強のやる気が出てくる11のテクニック！」というような記事はすごく人気があります。どんなことが書いてあるかというと、

・得意な教科からはじめる
・散歩したり、適度に気分転換をする
・ご褒美を用意する
・睡眠時間をじゅうぶん取る

などなど……。

「勉強するやる気がわいてこないんだよね」という子どもは多いですし「うちの子はやる気がなくて勉強しないんですよ……」と嘆く親も多いです。

そんなときに、これらのテクニックが必要とされるのでしょう。しかし、ここには勉強をむしろ遠ざける、大変大きな誤解があるのです。

それは、**勉強しない理由を「やる気」のせいにしている**こと。

やる気があれば勉強するし、やる気がなければ勉強しないのは当たり前のような気がしますが、では10点満点で何点のやる気があれば勉強するのでしょう？

5点？　8点？　それとも15点以上ないとダメ？　8点に上がったとして、それが30分後に落ちてきたらどうすればいいの？

仮に、５点のやる気を８点にする方法があっても、今度は「やる気が10点あれば勉強するのに……」と言い出します。そして、「やる気」とはしょせん気分の問題なので一瞬で変わります。

勉強をやる気に頼るのは、非常に不安定な戦略ですね。

実際に勉強が得意な子を見ていると、やる気に満ちあふれているというよりは、むしろ淡々と進める子の方が多いように見えます。

本当は、勉強が嫌いな子はいないという話をしました。すべての子どもはバリバリ勉強して新しい知識をどんどん身につけてテストでいい成績を取りたいのです。そういう意味で、やる気０点の子どもはいません。

それなのに**勉強しないのは、ほとんどの場合、理由は一つ**です。

それは、**「勉強のやり方がわからない」**ということ。

そもそもやり方がわからないのだから、勉強しないのは当たり前です。

あなたが、泳ぎ方を知らないとしましょう。そして、プールに連れて行かれたという状況を想像してください。いきなり「さあ、泳ぎなさい！」と言われたらどうするでしょうか。

泳ぎ方を知らないのだし、溺れるかもしれないし、プールに入ることすら拒否する人も多いでしょう。

それでも「やる気を出せ！」「泳げるようになると楽しいぞ！」「将来乗っている船が沈没しても、泳ぎを習得しておくと助かるかもしれないぞ！」と言われて無理矢理プールに入れられます。もしあなたが我慢強くて才能があるなら、口から鼻から水をガボガボさせつつ、溺れそうになりながらも泳ぎを習得していくかもしれません。

まあでも、普通は「いや、泳ぐようにはなりたいから、泳ぎ方を教えてくれよ！」と思いますよね。

だから、普通の水泳コーチは泳ぎ方を教えます。どうすれば身体が浮くとか、足はどのように動かすとか、息継ぎはどのようにするかを教えるわけです。

しかし、水泳では泳ぎ方を教えてもらうのが普通なのに、**勉強に関しては、「勉強の仕方」を教えてもらうことはありません。**

勉強の仕方はわからないけど、机の前に連れて行かれ「やる気を出せ！」「勉強ができるようになると楽しいぞ！」「将来、勉強しておくと役に立つぞ！」と言われて無理矢理机に座らされます。けれども、勉強の仕方は教えてもらえません。

ノートには何を書けばいいのか？
先生には何を質問すればいいのか？
問題集はどのページからはじめればいいのか？
テストの点を上げるには何をすればいいのか？
予習復習とは何をすればいいのか？
何がわからないかわからないときはどうすればいいのか？

こういった質問に答えてくれる人はなかなかいないのです。

というわけで、ほとんどの子どもは見よう見まねで、口から鼻から水をガボガボさせつつ、溺れながら勉強していくことになります。

これでは、どんなにやる気があっても水泳が嫌いになるように、勉強が嫌いになっていくだけでしょう。本当にごく一部の、才能と忍耐がある子しか勉強を習得できません。

やり方がわからないからやる気が出ないという例をもう一つ紹介しましょう。

それは、夏休みの宿題です。

毎年、8月31日になると、夏休みの宿題が終わらない家庭で大騒ぎがはじまります。「子どもはあらゆる宿題が嫌いなので夏休みが終わるまでやりたがらない」というのが通説ですが、本当でしょうか？

「嫌いな宿題は何ですか？」というアンケートをとると、なんと、今も昔も変わらない不動の御三家が現れるのです。その嫌われ者御三家とは

・自由研究
・読書感想文
・日記(作文)

です。この御三家は、どんな世代にアンケートをとっても変わりません。意外にも、「漢字の書き取り」や「計算ドリル」はそんなに嫌いではないのですね。

このトップ3の共通点はずばり「学校でやり方を教えてもらえない」ことです。

漢字の書き取りや計算ドリルだと、とにかくやれば終わりますが、不人気御三家の宿題はそもそもやり方がわかりません。

「自由研究って何を研究すればいいんですか？」と学校の先生に聞いても「自由にテーマを

考えていいんだよ」と言われるだけです。テーマの選び方も発表の仕方も教えてくれません。

そのくせ、本当に自由に考えて「ポケモンの捕まえ方」みたいなことを研究していくと先生に怒られます。本当は自由にしてはいけない部分があるのに、そこは教えてくれません。

読書感想文や作文も、教えてくれるのは原稿用紙の使い方ぐらいで、「誰に向けて書けばいいのか」「どういう段落構成が読みやすいのか」「書くことがなくなったらどのように文章をふくらませるのか」「そもそも何を書けばよいのか」……。このようなことは教えてくれないのです。

やり方がわからないので、やりたくてもできなくて8月31日になってしまうのですね。

このように、**勉強をはじめない理由はやる気がないせいではありません。勉強の仕方がわからないだけ**なのです。

泳げるようになるために必要なことは、溺れることではなくて泳ぎ方を学ぶことです。そして可能なら、速くて体力を使わない泳ぎ方を学んだ方がよいでしょう。

同じように、**勉強ができるようになるために必要なことは、怒られたり、苦しむことではなくて勉強の仕方を学ぶこと**です。そして可能なら、**効果的で楽しい勉強方法の方がよい**でしょう。

次章では、子どもがみるみる勉強しはじめる効果的で楽しい勉強方法をなるべくたくさん紹介していきたいと思います。

□やりがいが生まれるのは、自分が立てた目標

子どものモチベーションを高めるために特に重要なことは「目標は自分で決めさせる」ということです。

自分で決めた目標と他人に決められた目標では、子どもでも大人でも、そのモチベーションが大きく違ってきます。

たとえば、今この本を読んでいる方に思い浮かべてもらいたいのですが、何でもよいので「やりがい」を感じることを一つ挙げてください。

それは、今の仕事かもしれません。家族にご飯を作ってあげることかもしれません。あるいは、趣味の登山かもしれません。「やりがい」を感じていることを一つ挙げたでしょう

か？

ここで一つでも思い浮かんだのであれば、それは間違いなく「自分で選んだこと」であるはずです。

自分で山に登ろうと考えたから、登山が楽しくやりがいがあるものに感じられます。逆に、無理矢理山に連れて行かれたなら登山にやりがいは感じないでしょう。

子どもにとっても同じです。

自分で決めた目標には自分から進むけど、押しつけられた目標には気が進まないのです。

テストで平均点を取る！　にしろ、通知表で5を取る！　にしろ、○○大学に合格する！　にしろ、自分で決めた目標の方が、間違いなくやる気がわいてくるのです。

ただ、子どもに自分で目標を決めさせるとなると、いろいろな心配事が出てきます。

低すぎる目標で満足してしまうかもしれません。逆に高すぎる目標を持って、達成できずに終わるかもしれません。そもそも、子どもに任せておいたら目標なんて立てない場合も多いでしょう。

確かに、**子どもに任せっきりで適切な目標が出てくることは少ないので、親や教師が子どもの目標設定を手伝ってあげる**必要があります。

ただし、親や教師の仕事は**「子どもの適切な目標設定を手伝ってあげる」ことであって「子どもの目標を決めてあげる」ことではありません。**

あくまで、目標は子ども自身に決めさせます。

「目標」という言葉が嫌いな人がいます。そういう人はおそらく、社会人になってから「売上目標」とか「ノルマ」にいやな思い出があるのでしょう。

これらは、人に押しつけられた目標の典型です。

社長に売上目標を押しつけられた営業部長は、楽しそうではありません。逆に、売上目標を自分で決めている社長はむしろワクワクしています。

この営業部長と社長の気分の差は、単純に目標を自分で決めているかどうかです。

人に与えられた目標では、なかなかやる気が出ないものなのです。

さて、子どもであっても、自分で決めた目標に対してはやる気が出るのは大人と同じですが、少し注意する点があります。

それは、「短時間で達成できる目標である」方が望ましいということ。

さらに言うと、子どもが小さいときほど、短時間で達成できるものの方がよいです。「将来宇宙飛行士になる！」とか「ノーベル賞を取る！」というような大きな目標は素晴らしいし、夢は大きいに越したことはないのですが、実現が遠い目標は、なかなか子どものモチベーションにつながらないのです。


子どもの時間は大人の5倍という話をしました。

ノーベル賞受賞者の平均年齢は、最近では60歳～70歳だそうですが、もしかして50年後、この子は本当にノーベル賞を受賞しているかもしれません。しかし、9歳の子どもからすると、50年後の目標とは250年後の目標と同じです。

江戸時代は260年ほど続きましたが、徳川家康と真田幸村が対決していた大坂夏の陣で、明治維新を目標に戦っていた武将はいないでしょう。それよりも、勝ったら自分の領地が増えるとか、名声が世に響くとか、もう少し短時間で達成できることにモチベーションが上がったはずです。


小学生にとっては、「大学に合格する！」という目標でさえ、時間が長すぎます。

大学入学が10年後だとしたら、5倍は50年後。新入社員が退職金を目標に働くよりも遠い目標です。

「中学受験に合格する！」でも、普通の子には少々遠すぎる目標になるでしょう。せいぜいが「次のテストで90点以上を取る！」とか「2学期の通知表で5を取る！」が現実的な時間の長さです。

子どもが小さいほど短時間で達成させてあげたいので、育ちがゆっくりな子にとっては「ドリルを1ページ解く！」のような、**15分で達成できる目標でもじゅうぶん**です。

親としては、長い時間軸の大きな目標を持ってもらいたいと思うのですが、子どもの成長に合わせないと、非現実的な期待の押しつけになってしまいます。

自分で決めた小さな目標が、押しつけられた大きな目標に勝つのです。

第3章

最強の勉強技術

最短時間で
最大の成果を上げる
効率的な勉強法

□勉強とは暗記ゲームではなくてコミュニケーションである

勉強とはつまらないもの。
勉強とは一人でガリガリとやる孤独なもの。
勉強とは我慢強さが必要とされるもの。

もしも勉強についてこう思っているとしたら、あなたは「勉強」のルールを大きく誤解しています。

ルールを誤解しているとどうなるか？　たとえばサッカーで考えてみましょう。

サッカーの大まかなルールは、「相手のゴールに相手よりたくさんボールを蹴り込んだら勝ち」というものです。

ただ、サッカーを知らない人がサッカーの試合を観ただけではルールを理解できないかもしれません。

想像してください。サッカーのルールを知らないあなたがサッカーの試合を観ています。

すると、選手達が我先にとボールを追いかけています。そして選手の一人がボールに追いつくと、ボールを蹴り上げました。その先には別の選手がいて、ヘディングでシュートを決めます！　選手たちは大喜び！

ルールを知らないあなたがこの場面を観ていると、サッカーのルールとは「みんなでボールを追いかけて、人の頭にボールを蹴り込むことだ」と解釈するかもしれません。

しかし、サッカーのルールを「人の頭にボールを蹴り込んだら勝ち」と誤解していると絶対サッカーには勝てません。

サッカーのルールをこんな風に誤解しているのはバカみたいです。しかし、**勉強については、このバカみたいな誤解をしている**人が多いのです。

勉強のルールを誤解している限り、サッカーと同じように、勉強は上手くなりませんし勝つこともできません。そして楽しくもないでしょう。

では、ルールをどのように誤解しているのか？

いちばんよくある勘違いは、「勉強とは暗記ゲームである」というものです。たくさん憶えた方が勝ちというルールですね。

確かに、勉強をしている過程で暗記をしなければならないことはよくあります。この公式を憶えなさいとか、この年表を憶えなさいと言われることはあります。

しかしそれは、「サッカーの試合でヘディングが必要になることが時々ある」ことと同じように、「勉強の中で暗記が必要になることが時々ある」だけに過ぎません。サッカーのルールが「たくさんヘディングした方が勝ち」でないのと同じように、勉強のルールも「たくさん暗記した方が勝ち」ではないのです。

勉強を非効率にするいちばん大きな誤解が、この「勉強とは暗記ゲームである」という誤解でしょう。

実際のところ、暗記とはそもそも人間が苦手とする能力で、暗記で勉強を攻略しようというのは非常に効率が悪い戦略です。

サッカーで言えば、足でシュートを打たずにヘディングだけで点を取ろうとする戦略の効率が悪いのと同じです。強烈なシュートを撃ちたいなら、足を使った方がいいに決まっていますよね。

東大に入って確信を得たことの一つに、**「東大生はたいして記憶力がよくない」**ということがあります。

円周率を2000桁言えるとか、友達の電話番号を全部憶えているとかいう人がごくまれにいましたが、それは東大生からも天才扱いされる、異常な能力の持ち主です。

多くの東大生は普通の記憶力の持ち主でした。忘れっぽい東大生もたくさんいます。

少なくとも、東大に入るぐらいの勉強であれば記憶力はたいして必要ではないのです。


「勉強とは我慢大会である」という誤解もよくあります。

勉強とは、苦しい時間を乗り越える力をつけるための修行なので、つらくとも脱落せずに最後まで続けた方が勝ちという考え方ですね。

しかしこれは、**努力と苦労を混同した考え方で、成功は努力の先にあるとしても、苦労の先にあるとは限りません。**むしろ、勉強本来の目的である、知識や技術を身につけることが遠ざかってしまいます。

では、勉強とは、暗記ゲームや我慢大会ではなく何なのでしょうか？


勉強の本当のルールとは、「相手の伝えたいことをわかってあげること」です。

相手とは、先生であったり、教科書の執筆者であったり、大昔の学者であったりします。

「たくさん暗記した人」ではなく、「相手の伝えたいことをたくさんわかってあげた人」が勝つ――それが、知られざる勉強のルールなのです。

ピンとこないと思いますので、例を挙げましょう。

学校のテストであれば、基本的には、**授業中に話されたことから問題が出題されます**。先生が授業中に話したことを、どれだけ理解しているかがテストで試されるわけです。

受験であれば、その学校が**どんな生徒に来てもらいたいかが入試問題となって現れます**。来てもらいたい生徒は学校ごとに違います。あちらの学校は「論理構成がしっかりした文章が書ける生徒に来てもらいたい」と考えているかもしれませんし、こちらの学校は「計算が速い生徒に来てもらいたい」と考えているかもしれません。

文章力が求められているのに、計算スピードを上げる練習をいくら積んでも的外れです。まずは、受験先の学校が何を求めているのかをわかってあげることが受験のスタートです。

教科書や参考書を読むときも、「執筆者の伝えたいこと」をわかってあげることが重要です。

教科書や参考書の執筆者は、難しいことを並べて読者を眠らせようとしているわけではありません。彼らなりに、伝えたいことをわかりやすく伝えようとしているのです。

たとえば太字の箇所は、執筆者が重要だと考えている部分です。

数学の教科書はｘやｙの記号だらけでわかりにくいように見えます。しかしこれでも、日本語で書くよりもはるかにわかりやすいから記号を使っているのです。

また、普通は順番に読めばわかりやすいように構成されています。１ページ目に書いてあることは、2ページ目に書いてあることの前提になっていたりします。

そして、学校の先生や参考書の執筆者の伝えたいことを遡れば、大昔の学者が伝えたかったことにたどり着きます。

350年前に生きたアイザック・ニュートンは、木から落ちるリンゴも、太陽の周りを回る地球も、同じ数式で動きが説明できることを示しました。

そして、「この事実はすごいことで、人類のために世の中に広めるべきだ！」と考えたから論文にしました。

さらに当時の人たちも、「これは確かに後世に残すべきすごい発見だ！」と考えたから後世に残ることになりました。

350年後の日本でも、文部科学省の官僚が「これは現代の全国民が知るべきすごいことだ！」と考えたから学校教育のカリキュラムに入れられ、同じように「これは現代の全国民が知るべきすごいことだ！」と考える教科書の執筆者と学校の先生により、全国の高校でニュートン力学が教えられています。

ただ、ここで注意して欲しいのは、「これはすごい！」「これは役に立つ！」「これは世の中のためになる！」と思ったのは、あくまでニュートンや文部科学省の人、学校の先生などであって、授業を受ける子どもたちは必ずしも同意はしないでしょう。

たとえリンゴ農家でも木から落ちるリンゴの軌道計算をすることはありません。どちらかというと、「美味しいアップルパイの作り方」の方が重要で役に立つ情報かもしれません。

高校で、ニュートン力学よりアップルパイの作り方を教えてもらった方が、子どもたちの人生が豊かになる可能性はあります。それでも、ニュートンや文部科学省の人、学校の先生が伝えたいことはわかってあげましょう。

学校の先生の伝え方は必ずしもわかりやすくないし、なかなか同じ意見にはならないかもしれません。それでも「伝えたいことをわかってあげる」ことが勉強です。

本当にアップルパイよりニュートン力学が重要かどうかは、ニュートン力学を理解してからでないと判断できません。

「相手の伝えたいことをわかってあげる」ことの重要性は、日ごろの会話でも同じですね。まず、相手が何を言いたいのか理解しないと、まったく会話が噛み合いません。

勉強とは、暗記大会ではなくて「相手の伝えたいことをわかってあげる」という**コミュニケーションの訓練**なのです。

□単純だが効果が高い「先生の話を聴く」こと

うちの子は成績が伸びなくて……と悩むお父さんお母さんは多いのですが、この悩みがなかなか解決されないのは年齢と状況によって解決方法がまったく違うからです。
もし、子どもが小学生で、成績が悪い（具体的には、中の上まで届かない）のであれば、成績が悪い理由はほぼ一つです。

それは、勉強量が足りないわけではありません。
それは、頭が悪いわけではありません。
それは、集中力がないわけではありません。
それは、親の言うことを聞かないせいではありません。

小学校の間であれば、成績が悪いただ一つの理由は

「先生の話をよく聴いていない」

ということです。本当にただこれだけです。

塾に通わせたり、「勉強しなさい！」と怒鳴りつけたりしても残念ながらほとんど効果がありません。先生の話を聴いていないことは解決されないのですから。

学校の成績は、必ず学校の先生がつけます。テストの点数そのままで通知表をつけるケースもあれば、提出物や授業態度の割合が大きいこともあり、この割合は学校や先生次第なのですが、いずれにしろ学校の先生がつけます。

テストの採点をするのも学校の先生ですし、テスト問題を出題するのも学校の先生です。

そして、**小学校のテスト問題はどう作られているかというと、基本的にテスト勉強をする必要がなく、授業を受けていれば点が取れるように作ってあります。**

学校の授業さえきちんと聴いていれば、テストの点数が上がり授業態度の評価もよくなるようにできているのです。

これは、小学校の成績の、しかも中の上ぐらいまでを対象とした話です。テストで安定して100点を取ろうとしたり、クラスでトップを目指すならばまた違った対策が必要になります。

中学校、高校と進んでいっても、授業を受けるだけでなく自習能力が重要になります。

また、中学受験をするならば、中学受験ではむしろ「学校で習わないこと」が出題されるので、先生の話を聴くだけでは受験対策になりません。専用の塾や教材が必要になります。

しかし、小学校で成績が悪いならば、まずは「学校の先生の話を聴いていない」可能性を疑ってください。

特に**小学校の間は、「先生の話をよく聴く」ことが成績アップに絶大な効果**があります。それだけで間違いなくテストの点数は上がり、忘れ物は減り、授業態度の評価もよくなります。

では、なぜ子どもは先生の話を聴かないのでしょう？　どうすれば先生の話をよく聴く子になるのでしょう？

話を聴かないパターンでまずあるのは、**心ここにあらずで空想にふけるタイプ**です。外からはボーッとしているように見えます。

しかしこのタイプの場合、成績は悪くないことが多いです。**現在の授業に興味がないだけ**で、本やテレビからの情報、今日あった体験について考えを巡らせています。情報吸収力が高く、教科書を読んだだけである程度理解できるので、授業が退屈なのかもしれません。

自分の内なる世界を膨らませる中二病の先取りのようなタイプで、**むしろ早熟**かもしれません。話を聴くことが成績アップに必要だといったん認識すると、すぐに注意を向けられるようになります。

厄介なのは、**周りの様子にまったく興味がないタイプ**や、授業中、**他の子にちょっかいを出すのが好きなタイプ**です。

こうしたタイプの場合、学校の先生に限らず、**そもそも人の話を聴くことが苦手**です。子どもがこれらのタイプに該当するなら、もしかするとそれは**親子のコミュニケーションに大きな問題がある可能性**もあります。

授業中に何か別のことを考えていたわけではなく、本当にボーッとしていて周りの声が聞こえてこないというタイプの場合、「人の話を聴きなさい！」という声さえ届きません。

なぜ人の話を聴かないのでしょうか？　その原因は、普段子ども自身に向けられている言葉のせいかもしれません。子どもをいつも、次のような言葉で叱っていないでしょうか？

「そんな子は、お母さん知らないよ！」などの、**脅す言葉**。

「バカ！　違うでしょ」などの、**否定的な言葉**。

「お兄ちゃんを見習いなさい！」などの、**誰かと比較する言葉**。

「お父さんったら、しょうがないわね」などの、**人の悪口やグチ**。

いつもこのような否定的な言葉を聞いていると、無意識的に耳を塞ぎたくなりますよね。そうして人の話を聴かなくなり、成績も落ちます。

人の話をしっかり聴く子に育てたければ、まずはこのような、**人の嫌がる否定的な言葉を使っていないか注意**してください。


もう一つの、他の子にちょっかいを出して落ち着きがないタイプの場合も、普段の親子の会話に原因がある可能性があります。

人の話を聴かずに自分から喋りだしたり、あるいは人の注意を引くために行動するのは、「自己主張をしないと受け入れてもらえない」と考えているからです。

相手より先に、大きな声で、派手な動きで主張しないと、コミュニケーションが成立しないと考えているのです。

子どもが学校から帰るやいなや「ゲームをする前に宿題しなさい！」と言われ続けると、そう言われるより速く機先を制してゲームのスイッチを入れたくなります。

本当は、「今日はどういう宿題が出て、いつやる計画なの？」と聴かれれば「算数の宿題が来週提出なんだけど、夕ご飯が終わってからやれば今日中にできるんじゃないかな」と答えることができるのです。

自分の話を聴いてもらえない子どもは、やっぱり人の話を聴かない子どもに育ちます。

子どもの成績が悪いならば、それは親子のコミュニケーションにまずいことが起こっているサインかもしれません。

否定的な言葉ばかり使って叱っていないか？
子どもの話を聴かずに命令ばかりしていないか？

親子の会話をチェックして、話をよく聴く子どもに育てましょう！

□塾に成績を上げる効果はない

「塾に通ってるやつに、成績で負けるわけはない」

これは、私が小学校時代に考えていたことです。で、周囲からはまったく同意してもらえませんでした。

当然ですよね。「塾に通っていないやつに、成績で負けるわけはない」が普通の考えで、塾に通わない方が成績がよくなるというのは意味不明です。

しかし当時は、塾なんかに通ったら成績が下がると本気で考えていたのです。今思えば極端な考えですが、後にかなりの部分で正しい考えであることがわかりました。

まず、学校の成績はどうやって決まるか検証していきましょう。

成績のつけ方は、地域や学校・学年によって多少異なりますが、大きくは、絶対評価と相対評価に分かれます。

絶対評価というのは、一定の基準をクリアしたら全員に同じ成績をつける方式です。例えばテストの点数で

・１００点～90点で評価５
・89点～75点で評価４
・74点～55点で評価３
・54点～20点で評価２

・19点〜0点で評価1

という基準があるとすると、95点を取れば必ず評価5がつきます。極端な話、クラス全員が90点を取れば、全員が評価5になります。

相対評価というのは、集団の中でどの位置にいるかを表す方式です。たとえばクラスの中で

・上位10％が評価5
・次の20％が評価4
・次の50％が評価3
・次の20％が評価2
・最後の10％が評価1

という割合が決まっているとすると、クラスの上位10％に入ると評価5がつきます。もしテストで50点しか取れなくても、他の人が全員30点であれば評価5になります。

ここではテストの点数で話をしましたが、実際はさらに、授業の出席率や提出物の提出率、授業中の発言回数などで加点や減点がされることが多いです。これらがどれぐらいの割合で加味されるかは、学校や先生次第です。

また、評価は「△・○・◎」の三段階だったり、「1・2・3・4・5」の5段階だったり10段階だったりしますが、これも学年や学校によって違います。

このように、成績のつけ方は学年、地域、学校、先生によっていろいろな種類があり、つけ方の組み合わせを考えると無限ともいえるパターンが存在します。

ただし、無限のパターンがあったとしても、絶対に例外がない一つの共通点があります。

それは、

「学校の成績は学校の先生がつける」

ということ。文部科学省の役人が成績をつけることはないし、塾の先生が成績をつけることもありません。これだけは絶対に例外がありません。

次に、その学校の先生はどのように成績をつけるか、もう一度確認しましょう。

先ほど話したように、学校の先生が成績をつけるのに参考にするのはほぼ以下の点です。

・学校テストの点数
・課題の提出率
・授業態度（出席率、発言回数など）

注意してもらいたいのは、塾に通うことによって上がるものは、基本的にここには含まれていません。

・模試の点数
・塾の課題提出率
・塾に通った回数、時間

といったものが学校の成績に反映されることはないのです。どれだけがんばって塾に通っても、直接学校の成績が上がる要素はありません。

「あれ⁉　学校のテストの点数は、塾に通えば上がるんじゃないの？」と思われるかもしれませんので、次は成績を決める学校のテスト問題を作るのは誰か？　どのように作られるか？　ということを考えてみましょう。

もちろん、学校のテスト問題を作っているのは学校の先生です。どのように作るかは、ゼロから自作することもあれば、教科書から採ってきたりすることもあるし、市販の問題集を使うこともあるのでいくつかパターンがあります。

いくつかパターンがありますが、実はここでもほぼ間違いない共通点があり、それは、

「授業中に教えたところから問題を出す」

ということです。授業中にやっていないような応用問題、実力問題はせいぜい1割程度に抑えるのが普通です。

勘違いされがちですが、多くの学校の先生は子どもに間違えさせようとはしていません。点数を取らせたいと思って問題を作っています。だからテスト範囲は「教科書○ページから○ページ」というように明示しますし、重要ポイントは「ここが大事だよ！」と授業中にしゃべります。

さらに言えば、学校の先生も人間として「自分の話を聴いてもらいたい」という欲求があるので、自分の話を聴いていた子にいい成績を取ってもらいたいと思っており、**授業をしっかり聴いていた子が点数を取れるように問題を作りがち**です。

つまりは、学校のテストの点というのはほぼ間違いなく、学校の授業をどれだけしっかり聴いて理解しているかによって決まってくるのです。

こう考えると、**塾のデメリット**が浮かび上がってきます。**まずは、進度が必ずしも学校と一致しないこと。**

学校の算数で「速さ」が出てきてそれでいっぱいいっぱいなのに、さらに塾で「直方体の体積」がはじまったら、与えられた情報が多すぎて処理できなくなる可能性があります。むしろ、これらを同時に処理できるのはかなり算数が得意で優秀な子と言えます。算数が苦手な子にはつらいでしょう。

「算数が苦手だから塾に通わせよう」と思ったのに、逆効果になることがあるのです。

また、**先生によって重要視するポイントが違うこと**があります。

たとえば、学校の先生は思考プロセスを重要視して、塾の先生は回答スピードを重要視しているような場合。

どちらが正しいということはないのですが、同じような問題でも「塾で教えてもらったスピード解法を学校のテストで使ったら×になった！」ということが起こります。

このような場合、塾で一生懸命に勉強したのに結果が出ないことになります。

小学生の私が「塾に通ってる奴に成績で負けるわけはない」と考えた理由はここです。**学校の成績アップだけを考えた場合、塾で得られる知識は不必要なノイズ**であって、むしろ悪影響を与える可能性があります。

ただ誤解してもらいたくないのですが、決して**「塾は役に立たない」と言っているわけではありません。**

「学校の成績を上げる」という目的のためには効果的でないことが多いと言っているだけで、他の目的がはっきりしていれば塾は有用に使えます。

たとえば、受験を考えた場合は、逆に学校の授業だけでは対応できません。**学校の授業だけで受験に対応できるのは、本当にごく一部の面倒見がいい進学校だけ**です。ほとんど場合は、受験対策用の塾や通信講座を利用するのがいい選択肢になります。

また、漠然と「成績を上げたい」だと塾に行ってもしょうがないのですが、「5年生になったけど、4年生の算数がわかっていなくて授業についていけない。4年生の算数の補習がしたい」というような**具体的な目的があれば問題を解決できる可能性があります。**ただこのような目的の場合は、少人数制の個別指導や家庭教師など、ある程度一人ひとりをみてもらえるタイプの塾を利用する必要があるでしょう。

その他、**学校の授業が簡単すぎて退屈であるのなら、上の学年のカリキュラムもどんどん進めるタイプの塾**が合うかもしれません。

いずれにしろ、**塾を使うならば、まずその目的をはっきりさせておきましょう。**

・受験対策
・前の学年の補習
・知的好奇心を満たすため

などです。なんとなく親の不安の解消のために塾に通わせる方が多いのですが、「不安の解消のため」にしては、お金と子どもの時間はあまりにも高価です。通ってみた結果、思い通りの効果が得られずその子に合わないようであれば、早めに他のものに切り替えましょう。

□「親の年収と子どもの学力は比例する」!?

２０１４年、文部科学省からこのような衝撃的な発表がありました。

文部科学省では毎年、「全国学力・学習状況調査」という全国一斉の学力テストを行っています。この調査と保護者へのアンケートをもとに、世帯年収とテストの正答率の関係を調べたのです。

なお、「全国学力・学習状況調査」は日本の小学6年生と中学3年生全員が対象で、保護者へのアンケートも4万人が回答したということなので、この調査はとても大規模で信頼性があるものと言えます。

その結果は、見事に**世帯年収と正答率が比例**するものでした。（１２０頁「世帯年収と正答率（小6・中3）」参照）

小6の国語A（「A」というのは、基礎的な内容のテストです）で見ると、世帯年収２００万円未満の世帯では正答率53％なのに対し、１５００万円以上の世帯では75・5％でした。算数B（「B」というのは、発展的な内容のテスト）では、世帯年収２００万円未満の世帯では正答率45・7％なのに対し、１５００万円以上の世帯では71・5％でした。

親の収入が違うと、国語も算数も、テストの点は20点以上も差が開くのです！

多くの国でいろいろな研究者が研究をしていますが、誰が調査しても「親がお金持ちだと子どもの成績がよくなる」という結果には違いがありません。教育関係者ならば常識と

世帯年収と正答率（小6）

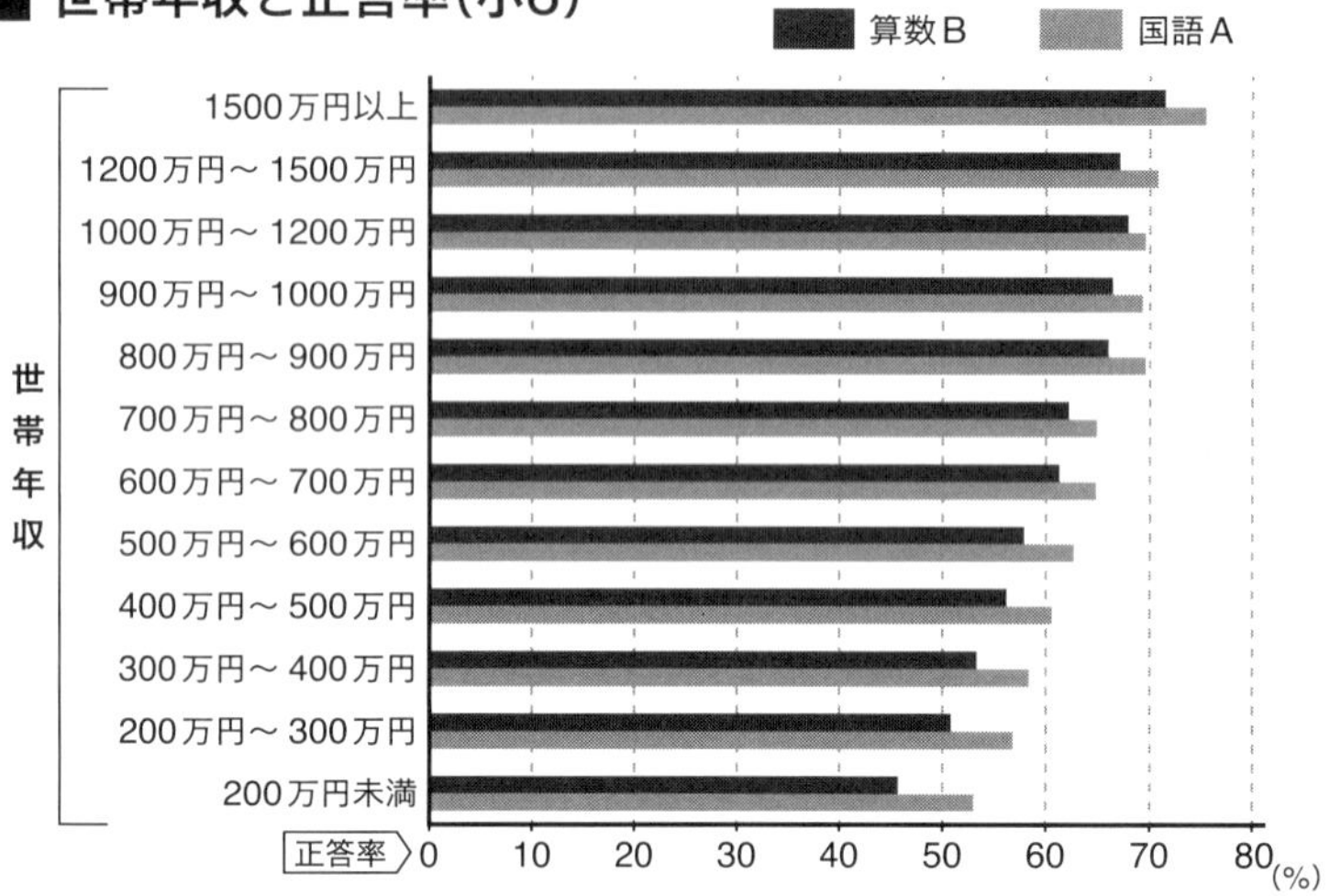

世帯年収と正答率（中3）

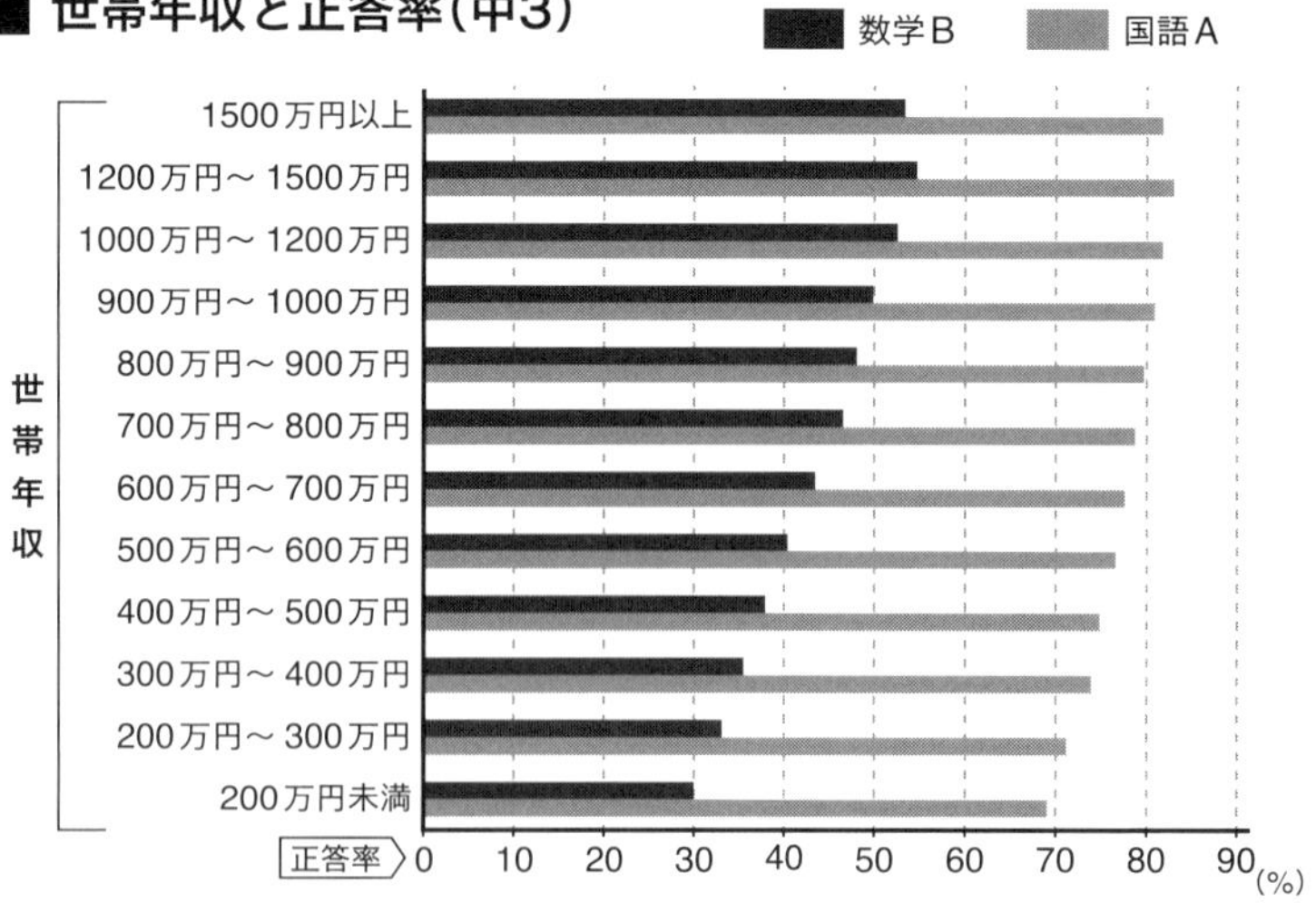

して知っている結果です。

日本でこれだけ大規模な調査は今回はじめてだったので大きなニュースになりました。

「親がお金持ちだと子どもの成績がよくなる」のはどのような調査でも同じなので、事実としては間違いありません。もちろん例外はたくさんいて、私の友達にも苦学して奨学金を得て東大に入った人はいますし、お金持ちの子どもでも成績が悪い人にもたくさん会いました。

例外はたくさんいますが、ただ、統計的には、平均をとってみるとお金持ちの子どもは成績がよいのです。

事実としては間違いありませんが、疑問に思うのは**「なぜ」親がお金持ちだと子どもの成績がよくなるのかということです。**

実は、この理由に関してははっきりとした答えは出ていません。

まず思いつく説明は「お金持ちの家は高い学習塾にお金をたくさん使うので成績がよくなる」というものです。この説を信じている人はけっこういて、学習塾は親世代の経済格差がそのまま子どもに影響するよくない社会システムだとすら言われます。

一見、正しい説のように見えますが、果たして本当でしょうか？

そもそも私は、この本の中で「学習塾に行っても成績は上がらない」と主張しています。

同じ「全国学力・学習状況調査」の別のアンケート結果を見てみましょう。「学習塾で勉強していますか」という質問と正答率の関係です。（123頁「学習塾（家庭教師を含む）で勉強をしていますか」・「学習塾と正答率（小6）」参照）

国語Aの正答率で比べると、「学習塾に通っていない」61・6％に対して、「学校の勉強より進んだ内容や、難しい内容を勉強している」69・6％、「学校の勉強でよくわからなかった内容を勉強している」51・9％となっています。

やはり塾で勉強するとテストの点数は61・6点から69・6点に上がりそうですが、逆に「学校の勉強でよくわからなかった内容を勉強している」子どもは51・9点に落ちています。塾に通うとテストの点数が10点も落ちてしまうのでしょうか？

さすがにそんなことはなくて、これはもともと成績が悪い「学校の勉強がよくわからない子ども」が塾に通っているので、塾に行ってもやっぱり点数が悪いだけだと解釈されています。

ただこの解釈を採用するなら、「学校の勉強より進んだ内容や、難しい内容を勉強している」子どもも、もともと成績がいいから学校より進んだ内容を勉強しているわけで、塾

平成25年度全国学力・学習状況調査

■ 学習塾（家庭教師を含む）で勉強をしていますか

＜児童が回答した選択肢別の平均正答率＞

選択肢	児童数の割合（%）	平均正答率（%） 国語A（18問）	国語B（10問）	算数A（19問）	算数B（13問）
1 学習塾に通っていない	50.0	61.6	48.8	76.2	57.9
2 学校の勉強より進んだ内容や、難しい内容を勉強している	23.9	69.6	56.0	82.9	65.4
3 学校の勉強でよくわからなかった内容を勉強している	8.4	51.9	37.0	68.0	44.7
4 両方の内容を勉強している	8.9	66.5	53.5	80.7	61.9
5 どちらともいえない	8.6	59.3	45.1	74.1	54.2

■ 学習塾と正答率（小６）

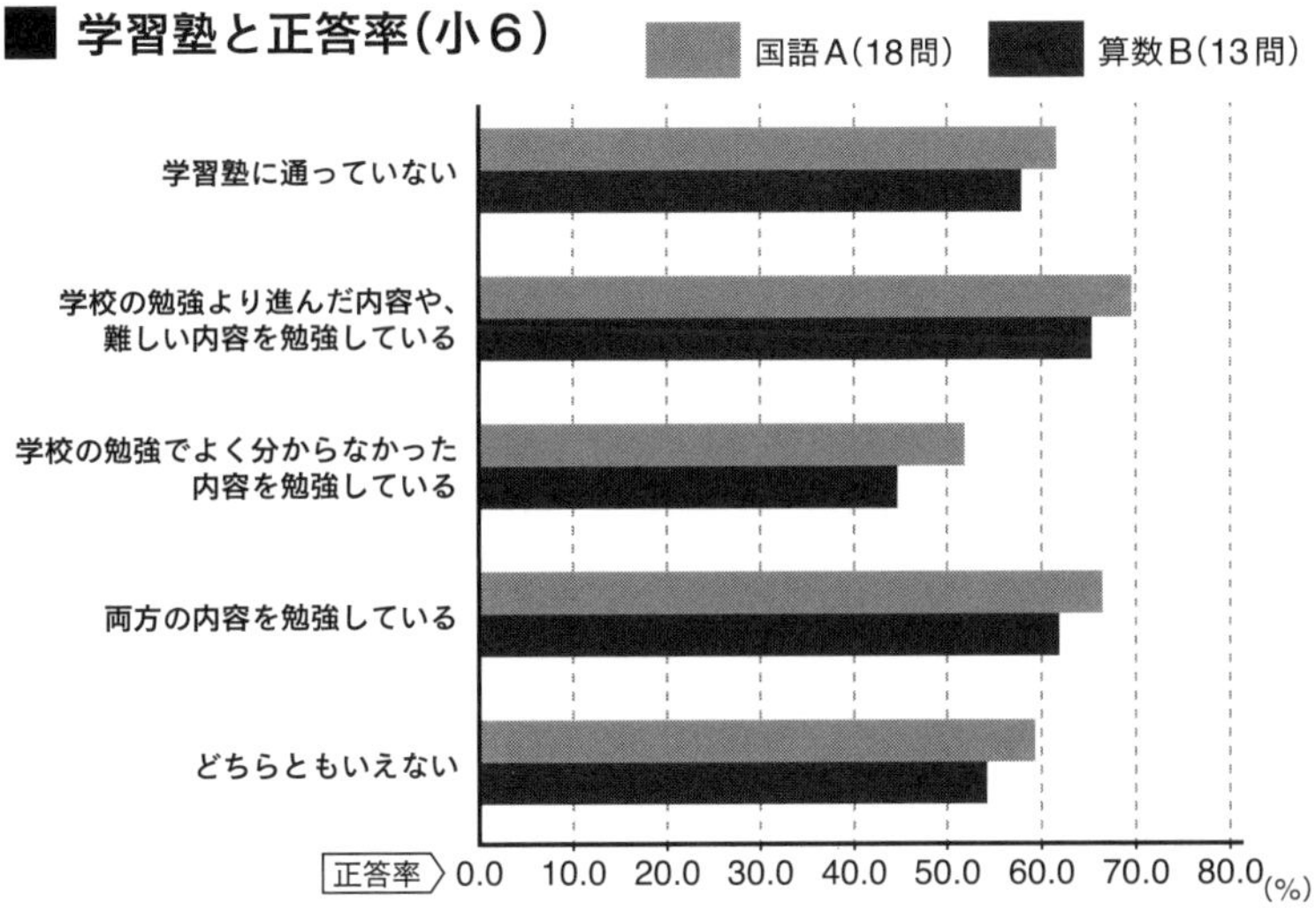

の効果によって成績が上がっているとは言えなくなります。

「両方の内容を勉強している」「どちらともいえない」と答えた子どももいます。「両方の内容を勉強している」子どもの正答率は66・5％で4・9点アップ、「どちらともいえない」は59・3％で2・3点ダウンです。

こう答えた子どもは、受験対策や弱点補強などの目的が特になく、なんとなく塾に通っている可能性が高いです。そしてなんとなく塾に通って得られる学力は、やはりテストの点数にしてこの2・3点ダウン〜4・9点アップの間なのではないでしょうか。

多めに見積もって約5点です。

もちろん「おれは塾に通ってテストの成績が20点上がったぜ！」という人はいるでしょうし、「うちの塾はやってきた生徒全員が成績アップしている！」と豪語する塾もあるでしょう。しかし一方で塾に行っても全然成果が出なかった子ども、むしろ成績が下がった子どもも存在するわけで、「平均すると」塾通いでテストの点数が5点上がるということです。

テスト5点のためにいくらの学習塾代がふさわしいかは人それぞれの価値観がありますが、いずれにしろ、**親の年収でついた20点以上の差は、なんとなく塾に通っても5点しか縮まらない**ことになります。

これではたとえ低所得家庭の子どもが塾に通ってもお金持ちの子どもに追いつけないの

で、**「お金持ちの親は塾にお金をたくさん使うので子どもの成績がよくなる」という説には説得力がありません。**

親の年収と子どもの学力が関係する理由としてもう一つメジャーな説は、「親の学力は子どもに遺伝するもので、学力の高い親は高い収入を得ていることが多い」というものです。「親の学力」が直接的な原因で、それが子どもに遺伝したり収入になって現れるという説です。

こちらの方がまだ説得力があり、「親の年収」よりも「親の大学進学率」の方が強く子どもの学力に影響しているという研究も実際にあります。

ただ、**この説で困るのは、改善方法がわからない**ことです。

お父さんの最終学歴が高卒だと、大卒に比べて年収が低い傾向にあり、子どもの成績も悪い傾向にあるのは統計的には確かです。それでは、このお父さんが今から勉強して大学を卒業すると、年収が増えて子どもの成績もよくなるのでしょうか？

残念ながらそういうことにはなりません。

また、仮に「成績がよくなる遺伝子」というものが存在するとしても、現在の科学ではこれを操作することはできません。

お父さんの年収を上げる方法も子どもの成績を上げる方法も、この説からは見つからないのです。

実は、今から変えることのできる「とある要素」が、子どもの成績、親の学力、親の年収、そして将来の子どもの年収すべてに影響しています。この「とある要素」が家庭にあることで、子どもの学力が上がり世帯年収も増えるので「親の年収と子どもの学力は比例する」ように見えるのです。

その**「とある要素」とは、先程話した「家庭での言葉遣い」**です。

暴力的な言葉、否定的な言葉、人の悪口やグチ——。日常的にこのような言葉を使っていると、子どもは無意識に耳を閉ざし、人の話を聴かない子に育ちます。そして学校の成績は下がります。

そしてこのような言葉遣いは、仕事にも影響します。

「お前はここが○○だからダメなんだ」「だってうちの課長がバカなんですよ」と言っている人のところには、いい人もいい仕事も寄ってきません。

「それは面白い！」「いやあ、すごい！　いい考えですね！」と言っていると、「あの人は信用できる」「一緒に仕事をしたい」「また会いたい」と思われていい人といい仕事がやってきます。

話を聞いてもらえない子どもは、自分を受け入れてもらうためには自己主張しないといけないと無意識で考え、授業を聴かずに隣の子にちょっかいを出したり、席を立ってわざわざ先生に注意されたりします。結果学校の成績が下がります。

子どもの話を聴かない親は、仕事になっても人の話を聴いていないでしょう。お客さんの話を聴かない営業マンは売上げが上がりませんし、上司の話を聴かない部下は出世できません。結果年収は上がりません。

このように、「家庭での言葉遣い」は子どもの成績、親の年収、将来の子どもの年収すべてに影響しています。そしてこれは、お金を出して塾に通ったり何百時間も勉強したりしなくても今すぐ改善できることです。

- **安心できる言葉、肯定的な言葉、前向きな言葉を使う**
- **人の話をよく聴く**

お父さんとお母さんがこんな簡単なことを実行するだけで、子どもの成績はよくなりお父さんとお母さんの収入も上がっていきます。子どもの将来の収入にも、学歴以上のプラスをもたらしてくれるでしょう。

今すぐ簡単に子どもの成績アップができる方法は、意外にたくさんあるのです。

□偏差値を上げると受験に落ちる!?

何を目標に勉強するかというと、気になるのが学力偏差値です。

中高一貫校から大学まで、学校の序列は偏差値ランキングで表されていて、少しでも上のランクの学校に合格するよう、偏差値を上げるべく努力する場合が多いです。

このように指標とされる一方で、「いや、日本の偏差値教育は間違っている！　高偏差値を目指す必要はない！」と批判する人たちもいます。

社会に出てからの人の能力は学力偏差値では測れないので、教育の指標としてもふさわしくないという主張です。

私も、**偏差値を上げる必要はまったくない**と考えています。

ただし、その理由はこのような人たちが主張する、「受験のための勉強が社会で役に立たない」というものではありません。

偏差値を上げる必要がないのは、「偏差値を上げると受験に落ちるから」というシンプルな理由です。

偏差値を上げると受験に落ちる？　意味不明に思えるかもしれませんが、これが真実です。説明を続けましょう。

学力偏差値とは、たとえていうなら温度計です。部屋に置いてある温度計なら、室温が正確にわかります。

あるとき、「部屋が寒いな」と感じたとしましょう。そこで温度計を見たらなんと摂氏0度！　寒いわけです。普通は、暖房を入れて暖かくしようとします。

ところがもしここで、温度計をお湯に入れて温めはじめた人がいたらどうでしょう？

「よし！　もう30度だ！　暖かくなってきたぞ！」

温度計は確かに30度を指していますが、部屋はまったく寒いままです。まあ、バカみたいな行動ですよね。

ところが、**このバカみたいなことを受験になると当たり前のようにやってしまう**のです。

大学受験で説明してみましょう。

予備校が発表する偏差値ランキングはホームページで公開されています。ここでは２０１８年の河合塾のデータを見てみました。２０１８年度入試難易予想ランキング表（国公立大）【法・政治学系】によると、この分類のトップは、

東京大学　文科一類　70・0

となっています。なお、河合塾によるとこの「70・0」というのは「ボーダー偏差値」というもので「偏差値70・0の人が合格する確率は50％」という意味だそうです。あくまで予備校が出している予想の数字なので、どこまで正確なのかという問題はありますが、ここでは正確で信頼できる数字だとしましょう。

さて、東京大学文科一類が第一志望のKさんがいます。Kさんが模試を受けてみたら偏差値が「40」でした。「大変だ！　偏差値が30も足りない！　なんとかして上げないと！」

Kさんは偏差値を上げるための勉強を頑張りはじめます。

あれ、これはもしかして部屋が寒いのに温度計を温める人と同じではないでしょうか？

そう、温度計を温めても部屋が暖かくならないように、偏差値を上げたところで本当の

目的である志望校の合格には近づかないのです。

東京大学文科一類の入試要項には「2018年度の合格条件は偏差値70以上であること」とは絶対に書いてありません。

重要なのは、偏差値を上げることではなく、合格確率を上げることです。温度計を温めるのではなくて、部屋を暖める必要があります。

もう少しデータをよく見てみましょう。

「偏差値70・0の人が合格する確率は50％」ということなので、同じ偏差値70・0でも、半分の人は合格し、半分の人は不合格になります。ここで考える必要があるのは、**「では、同じ偏差値でもどんな人が合格してどんな人が不合格になるのか？」**です。

同じ偏差値70・0でも、**合格するのは、合格するための勉強をした人**です。**不合格になるのは、偏差値を上げるための勉強をした人**です。

偏差値を上げた人は、暖房を入れなかったので、部屋の温度がまったく上がらず寒いままの人なのです。

Kさんの場合、偏差値を70・0まで上げれば合格率50％になると信じていたのですが、偏差値を上げることだけに集中すると、なんと不合格率100％の半分に入ってしまいます。**偏差値を上げると、受験に落ちてしまうのです。**

温度計を温めているだけでは、部屋の温度が上がらず凍死してしまうのと同じです。

このように、偏差値に注目していると、本来受験に必要な勉強から目がそれ、むしろ合格率が低くなってしまう可能性があります。

「偏差値を上げるために模試の前にしっかり勉強する！」という人がいますが、これがまさに温度計を温めて部屋を暖めない行為です。

偏差値とは、学校の先生や塾の講師が進路指導するときに使うには便利な数字です。合格確率50％の生徒は、確かに50％で合格していきます。

しかし、受験生の立場ではあまり気にする必要のない数字です。それよりも、**志望校の直接的な受験対策をする方がはるかに重要**なのです。大学受験で言えば、東大対策と慶應対策はフルートとトランペットぐらい違う楽器の練習です。偏差値を上げるための模試対策はピアノの練習です。ピアノがどれだけ上手くなっても、フルートはたいして上手にならないのです。

□答え合わせは勉強の8割！

しっかり時間をかけて勉強を頑張っているのに成果が出ない……。もし子どもがそんな悩みを抱えているのなら、つまりは、勉強の効率が悪いということです。そして、その勉強の効率が悪い理由は、決して頭が悪いせいでも集中力がないせいでもありません。必要な勉強技術が身についていないというだけです。

ここで、勉強するにあたってどうしても外せないのに、なぜか学校や塾で教えてもらえない一つの技術を紹介します。本当は重要なのに、あまりに軽視されているのです。それは、

「答え合わせ」の技術

です。なぜ「答え合わせ」が重要なのか、ピンとこない方も多いでしょう。しかし、いわゆる**成績が優秀な子は、間違いなくこの技術に長けています**。

ビジネスの世界では、ＰＤＣＡサイクルという言葉があります。Plan（計画する）、Do（実行する）、Check（確認する）、Action（改善行動する）の頭文字です。新入社員研修にもよく使われるので知っている方も多いと思いますが、念のため

に説明します。

たとえば「燃費のいいクルマを開発したい！」という仕事がはじまったら、まず計画します(Plan)。1リットルで30キロメートル走る車にしたいと目標を決めたら、その目標にそってエンジンや車体を設計するわけです。そして、実際に作ってみます(Do)。クルマができたら性能を確認します(Check)。いざ測定してみるとガソリン1リットルで20キロメートルしか走れなかったとします。これは目標通りのクルマが作れなかったわけですが、別に仕事が失敗したわけではありません。目標通りにならなかった理由を探って、改善策を考えればよいのです(Action)。エンジンの排気量を変えようとか、車体の材料を変えてみようとかですね。

そして、この改善策をもとにして次の計画を立てます(Plan)。新しい材料を使って、車体を設計し直します。

ＰＤＣＡを繰り返すことで、1巡目では20キロメートルしか走れなかったクルマが2巡目には25キロメートル走れるようになり、3巡目には30キロメートル走れるようになったりするのです。

がむしゃらに実行するだけではなかなか目標通りの仕事になりませんが、仕事を見直して、改善策を積み上げることで次の成果が上がっていくのです。

これはビジネスの話ですが、**見直して改善策を積み上げることの大切さは、実は勉強でも同じ**ことです。

たとえば問題集を解いたら、必ず答え合わせをします。すると、○がついたり×がついたりするでしょう。ここで重要なのはできたかできなかったかではなく、

「なぜこの問題は○でこの問題は×だったのか？」

「では×だった問題を○にするにはどうすればいいのか？」


を考えることです。×だった理由はいろいろあります。


そもそもその単元を理解していなかったのかもしれません。

問題をよく読んでいなかったのかもしれません。

計算ミスかもしれません。

漢字が違っていたのかもしれません。


×だった理由それぞれに対して改善策があります。

自分の間違いから理解を深め、改善策を見つけて次につなげることこそが勉強なのです。

クルマの燃費が上がったのは改善策をとったからであって、この改善案が努力です。クルマの開発者が何時間残業したのかは関係ありません。

同じように、勉強の成果も何時間机に向かったかではなく、答え合わせを通じて何を得られたかにかかっています。

どんなに問題集を解いたとしても、やりっぱなしでは身につきません。がむしゃらにDoするだけで他のPlan、Check、Actionを行わないのは、せっかく勉強しても4分の1しか勉強していることになりません。たったの25%です。

残りの**75%、8割近くが答え合わせや見直しにかかっています。逆に言うと、ただ勉強するだけできちんと答え合わせをしないのは、せっかく勉強した8割近くを捨てている**ようなものなのです。

宿題で、解答を丸写しして提出するのはいけないと言われますが、これは何もズルいからいけないというわけではありません。勉強でいちばん美味しい部分である「答え合わせ」をすっ飛ばしてしまうので、いくら勉強しても身につかないのです。

□高速で実力が上がる、答え合わせの五原則

勉強において「答え合わせ」が重要なのは、小学校から大学受験、そして社会人になってからの資格試験でも変わりありません。

しかし、そのやり方を教えてもらう機会はなぜかなかなかありません。

この項では、**子どもから大人まで、誰でも高速で実力が上がりだす答え合わせの5つの原則**を紹介します。

これらの原則はすべて難しいものではありません。**どんなに勉強が苦手でも必ず実行できる**ものです。才能も根性も必要ありません。そして、**どんなに勉強ができる人でも絶対忘れてはいけない**原則ばかりです。

この本の内容で、ここだけでも実行すると間違いなく成績がアップする技術なのでぜひ使ってみてください。

■第一の原則：答え合わせは「すぐ」やる

学校の宿題を家でやって、翌日の授業でみんなで丸つけをするというケースは多いですが、あまりよろしくありません。答え合わせは、問題を解いたらすぐにするべきです。

答え合わせの目的はまず、自分の間違いを発見し、それを修正することです。

問題集では似たような類題がいくつか並んでいることが多いのですが、1問目で間違えると、同じ間違いを抱えたまま2問目、3問目に突入することになります。**間違いを修正しないまま先に進むので正答率は悪い**ままですし、結局身につくものがありません。楽しくもないし効率も悪いですね。

それに対し、すぐに答え合わせをして**間違ったポイントを見つければ、次の問題では修正して正解することができます**。間違いを正すことがすなわち実力アップですし、正解が増えれば勉強自体が楽しくなります。

それに**見過ごしてはいけないのは、正解したときの喜び**です。大きな喜びを感じるには、なるべく早く答え合わせをした方がよいのです。

たとえばあなたが阪神ファンだったとします。そして今日は巨人戦です。9回表までは一進一退、5対5で試合が進んできたとします。そして9回裏、期待の一発が出てサヨナラ勝利になりました！

阪神ファンなら、飛び上がりたいほど嬉しいですよね。

さて、これは今日の巨人戦のことでしたが、実は先週の中日戦も同じ展開でした。9回表までは5対5で、9回裏にサヨナラ勝ちだったのです！　嬉しい！

……うん、まあ、そんなには嬉しくなくはないですよね……。

そう、先週のサヨナラ勝ちに喜びを感じるのはなかなか難しいのです。同じように、先週の正解に喜びを感じるのはけっこう難しいのです。

野球なら、試合終了の瞬間がいちばん勝利の喜びを感じられるように、勉強でも問題を解いて正解した瞬間がいちばん、喜びを感じることができるのです。

間違えの発見は早い方がいいし、正解の喜びも早い方がいいです。次の日に持ち越すメリットはありません。とはいえ、本当に1問ずつ答え合わせをすると、答えのページを探しているうちに勢いをそがれてペースが落ちたり、次の問題の答えが見えてしまうかもしれません。

現実的には、答え合わせをするのは「大問一つずつ」ぐらいが適当でしょう。

答え合わせはすぐやる！
（大問で）一問ずつやる！

というのが第一の原則です。

■第二の原則：自分の解答は消さない

小学生を指導していて多いのが、答え合わせで間違うと、自分の解答を消しゴムで消してしまう子です。

これは、せっかく勉強してもその効率を悪くする、非常にもったいない行動です。なぜなら、**「自分が間違えたパターン」を確認することは、学びと得点の宝庫**だからです。

教える立場になるとわかるのは、「間違える子はだいたい同じところで間違える」ということです。

同じ計算ミスにしても、くり上がりの足し算を間違える子はいつもくり上がりの足し算を間違えるし、7の段の掛け算を間違える子はいつも7の段の掛け算を間違えます。

要するに、**間違えるパターンはいつも同じになりがち**なのですが、不思議なことに自分ではなかなか気づきません。自分では当たり前すぎる行動なので、意識が向かないのですね。

右足から歩きだす人と左足から歩きだす人、それぞれいますが、自分はどちらか普段は意識しないのでわかりません。動画を撮ってもらって観ると、初めてわかります。これと同じで、**自分の解答が残っていないと自分の間違えるパターンがわからず**改善しようがないのです。

間違えた解答を消したくなる理由は理解できます。

思い出したくない、人に知られたくない、恥ずかしい黒歴史というのは誰にでもあります。「あの子に告白したけどフラれた思い出」とかですね。

確かに、間違いを記録に残すのは恥ずかしく感じますが、少なくとも勉強に関しては、記録に残した方が間違いなく役に立ちます。自分のパターンを把握して修正した結果、成績もよくなります。

勉強で効果を上げたければ、間違っていてもなんでも、自分の解答は消さないで下さい。

そして、正しい解答を赤鉛筆や色ペンで加えるようにしましょう。

これが答え合わせを成果に直結させる早道です。

■第三の原則：答え合わせの「後」に時間をかける

私は、勉強時間はなるべく短い方がよいと考えていますが、どうしてもある程度の時間は必要になってきます。ただし、**どうせ時間をかけるなら、なるべく効果が高いところに時間をかけるべき**です。

この点から言うと、どうせ勉強時間をかけるなら、**問題を解くときではなく、答え合わせとその後**に時間を取りましょう。

たとえば、わからない問題が出てきたら、あまり悩まずに次に進みます。あるいはすぐにその問題の解答・解説を確認します。ただし、**解答・解説は納得するまで時間をかけて理解**しましょう。そして、**できなかった問題は解き直す**のが望ましいです。

これに関しては、逆のことをしてしまう人が多いです。問題を解くことをすぐにあきらめてしまうのは粘り強さに欠けている気がするので、時間がかかってもなるべく自分の力で解こうとがんばる人たちです。もちろん、それで楽しく勉強できればいいのですが、実際は時間がかかるだけで疲れてしまい、分量もなかなか進まないということになりがちです。

繰り返しますが、どうせ勉強にエネルギーと時間を使うなら、答え合わせの「後」にそのエネルギーを使って理解を深めましょう。**悩んで、時間をかけて1問を解くよりも、できない問題があったならば2回その問題を解いた方が効率よく定着する**のです。

さてここで問題になるのは、間違えた問題の解答・解説を見てもやっぱり理解できないときです。

このようなときはなるべく、先生やできる友達に質問して理解できないことを潰していきましょう。もし、解答・解説を読んでも理解できないことが多ければ、おそらくその教材は自分に合っていません。解説がわかりやすい教材を探したり、教材の難易度を下げたりする必要があるでしょう。

■第四の原則：問題に○×△をつける

答え合わせをしたら、「問題に」○×△をつけましょう。教科書や問題集を汚したくないと考える人がいますが、必ずつけてください。

正解していたら○、間違っていたら×、できたけど不安要素があるのは△、といった具合です。マークはなんでもいいですし、△は使っても使わなくてもいいです。マークでなくて正解したら緑、間違っていたら黄色……のように色を使ってもよいです。

何にしろ、**問題に正解か不正解かを記録**しましょう。

勉強を進めるうえで重要なのは、何時間勉強したかではなく、得点が何点だったかでもなく「どこがわかってどこがわかっていないのか？」ということです。そして願わくば、わかっていないところをわかるようにしたいのです。

問題に○×△をつけることによって、自分専用にカスタマイズされたオリジナル問題集ができあがります。自分がわかっていないところだけ集中して出題されるので、非常に効率がいい問題集になるのです。

正解できた問題をもう一回やる必要はあまりありません。それよりも、できなかった問題について「なぜできなかったのか？」を分析して改善することの方がはるかに重要です。もちろん、できた問題でも次にできる保証はなく、反復練習をした方が定着するのは確かですが、それは勉強時間に余裕があって、さらに成績を伸ばしたい、得点を上げたいというときだけでじゅうぶんです。

■第五の原則：×が多いほど喜びましょう！

答え合わせが好きでない人、答え合わせに気が乗らない人は、おそらく×がつくのが怖いのだと思います。

なにしろ、「バツ」の語源は「罰点」「罰」と言われ、×を書いたら否が応でも「罰」を想像してしまいます。

誰でも罰は受けたくないので、答え合わせを避けたくなります。

しかし**実際の勉強では、×は罰ではありません。ここを直せば成長する、テストの点になるという得点源**なのです。

だから、答え合わせで×が多いほど、それは得点源をたくさん見つけたということなので、本当は喜ぶべきです。もし全部○だったら、それは勉強していなくても全部できたということなので、勉強が時間の無駄だったと言ってもいいほどです。

問題を解いて全部正解になるような問題集であれば、簡単すぎて成長につながらない勉強をしているのかもしれません。

第一の原則：答え合わせは「すぐ」やる
第二の原則：自分の解答は消さない
第三の原則：答え合わせの「後」に時間をかける
第四の原則：問題に○×△をつける

ここで紹介した「答え合わせ五原則」は誰でも必ず実行できますし、勉強時間が増えることもありません。解けない問題に悩んだり、消しゴムを使う必要がないので、むしろ勉強時間を減らすことができます。それでいて勉強は楽しくなり効率が上がる技術です。子どもの勉強に限らず、大人になっても活用して欲しい技術です。

□デジタル教材の効果が薄い本当の理由

ここ数年でスマホやタブレット端末が急速に普及して、教育現場でもデジタル教材が使われることが多くなっています。

いろいろな会社が教育アプリを作ったりインターネット講座を開設したりしています。学校でも、デジタル教科書の導入が検討されています。

では、このままスマホやタブレットで使うデジタル教材が増えて、紙の教材はなくなっていくのでしょうか？

答えは、間違いなく「NO」です。

その理由は、予算がかかるとか目が悪くなるかもしれないということではありません。

ただ一点、

「デジタル教材は、勉強効率が悪い」

からです。スマホやタブレットで学ぶデジタル教材が効率が悪いというと意外に感じるかもしれません。確かにデジタル教材には最先端の技術がつまっているはずですし、ノートと鉛筆より、子どもは進んで取り組むように感じられます。


まず、**デジタル教材のメリット**を考えてみましょう。

なんと言っても、**音声や映像が使える**というのは紙の参考書にはない大きな強みです。特に英語の勉強をするなら、ネイティブの発音をぜひとも聞きたいところです。理科や算数・数学についても、複雑なことを映像でわかりやすく説明できます。音声や映像を有効活用すると、紙ではわかりにくい部分が非常によくわかるようになります。

ただ、音声と映像を使うだけならば、カセットテープとビデオテープの時代からそんなに変わっていません。30年前から、ネイティブの発音をカセットテープに収録した教材は売られていて、頭出しは大変でしたが音質も今とそれほど違いません。NHK教育（現N

HK Eテレ)は1959年に開局して、わかりやすい教育番組を当時から映像で放送しています。

音声や映像を使えるメリットというのは確かにあるのですが、それは決して最近になってできるようになったことではないということですね。

他には、**スマホやタブレットだと、子どもが進んで取り組む**というメリットがありそうです。デジタルネイティブの子どもたちは、大人より上手にスマホやタブレットを使いこなしますからね。

しかし、この**メリットを大きく上回って、勉強を帳消しにしてしまうようなデメリットがデジタル教材には潜んでいます。**決して、アプリや教材の開発者の能力が低いわけではありません。悪気があるわけでもありません。しかし、勉強効率を落とす機能が、いつのまにか組み込まれているのです。

その勉強効率を落とす機能とは、**「自動答え合わせ機能」**。

ほとんどのデジタル教材は、答えを入力するとすぐに正誤判定をしてくれます。そして正答率を集計して「あなたの弱点はココ!」とまで指摘してくれます。答え合わせを、すべて自動で行ってくれるのです。

開発者はよかれと思ってこの機能をつけているのでしょう。むしろ、こういう機能をつけないとビデオテープの教材とあまり変わりありません。

しかし、本当は先ほども述べましたが、「勉強の4分の3は答え合わせ」なのです。**機械が自動で答え合わせを行うと、勉強の中でいちばん美味しくて成果が出る、この4分の3を奪ってしまう**のです。

たとえば漢字の学習アプリを1時間やったとしても、紙の漢字ドリル15分と同じ効果ということになります。

もちろん、デジタル教材にまったく効果がないと言っているわけではありません。効率が悪いだけです。ポケモンを1時間やるなら、漢字アプリを1時間やった方が漢字が上達するとは思います。しかし、であるならば漢字ドリルを30分やった方が効果的です。いっそ漢字ドリルを15分にポケモンを45分やるのがオススメです。漢字アプリ1時間分の漢字が上達して、ポケモンもできるのですから。

実際に私の友人の学習塾で、英語の単語を憶えるのに紙の単語帳とニンテンドーDSの単語ソフト、どちらが成績に貢献するのか効果測定を行いました。**結果は紙の勝利。**生徒の**やる気は、むしろDSの方が勝っていたの**ですが、それを上回る効率の悪さが証明されてしまったのです。

デジタル教材のデメリットは、技術が発展しても解消されません。むしろ、ＡＩなどの技術が発達すればするほど「自動答え合わせ機能」は充実していくことでしょう。そして皮肉なことに、答え合わせの機会を奪って、ますます勉強効率が悪くなってしまうのです。

デジタル教材の他のデメリットとしては、**ペーパーテストに強くならない**という点もあります。

これは今後世界の流れが変わって行く可能性はありますが、学校のテストも受験も基本的にはペーパーテスト、文字通り紙のテストが重視されます。**タブレットやパソコンでテストを行うケースは少ない**です。

目標とするテストが紙で行われる限りは、やはり紙で練習を積んだ方がよいでしょう。ピアノのコンクールに出るならばピアノで練習をすべきで、パイプオルガンで練習をしても意味が薄いのと同じです。

ゲーム機やタブレットで勉強するなとは言いませんが、短時間で効果的に勉強したいなら、やっぱり紙の教材なのです。

□学校の成績を上げるためのベスト勉強タイミング

学校の成績を上げるのに、もっとも効率的な勉強タイミングというものがあります。ここでのタイミングというのは、夜寝る前とか朝ごはんの後とか、そういう一日の中でのタイミングではありません。勉強スケジュールの話です。

多くの人は、テスト前日とかテスト1週間前など、テスト直前に集中して勉強しているのではないでしょうか。

単に締め切りギリギリになってからテスト勉強をはじめるからこのスケジュールになってしまう面もありますが、確かにこれには一理あって、人間の記憶は消えやすく2～3日経つだけでも忘れてしまうので、憶えるべきことは前日に憶えるのが効果的なのかもしれません。

学校のテストの場合、授業でテスト範囲が終わるのがテスト前日になってしまい、それまでテスト勉強がはじめられないというケースもあるかもしれません。

いわゆる**「一夜漬け」には一理はあるのですが、この一夜漬けに頼って勉強する人に限っ**

て成績が芳しくありません。

どうやら、テスト前日というのは効果的な勉強タイミングではなさそうです。

あるとき、高校の教師をしている友人に、「学校の成績を上げるのに、もっとも効率的な勉強タイミングはいつでしょう？」という質問をしてみました。彼女が返してきたのは「うーん、授業中かな。先生の声や周りの様子も一緒に頭に入るでしょう」という答えでした。

さすが高校の先生ですね！　学校のテストは学校の授業から出ることをわかっています。また、授業とは、単に自分で教科書を読むだけでなく、先生の声や板書、友達の反応などがセットだから頭に定着しやすいというのもその通り。私も、授業中先生の話をしっかり聴くことが成績アップの最初のステップだと話してきました。

しかし、今回の質問は「もっとも」効率的なタイミングはいつかということです。**授業中も、効率がいい**方ではあるのですが、もし授業20時間分がテスト範囲であるなら、テスト範囲を全部カバーするにはどうやっても20時間がかかってしまいます。

これよりも、もっと効率的なタイミングがあるということです。

さらに驚くことに、**もっとも効率的なタイミングなのに、なんと勉強する人がもっとも**

少ないタイミングでもあります。つまり**このタイミングで勉強するだけで、他の人に大きく差をつけることができる**のです。このタイミングとはいつなのでしょうか？

学校の成績を上げるのに、もっとも効率的な勉強タイミングとはズバリ、

「テストが返ってきた日」

です！　普通の考えでは、テストが返ってきた日なんて勉強しませんよね。テストが採点されて返ってきたとしても、それは過去の話。未来の成績には影響しないはずです。大変なテスト勉強が終わってホッとしているところに、残酷な結果通知がやってくる日としか思っていない人が多いのです。

ところが本当は、**この日の1時間の勉強は、テスト範囲の20時間分の授業に匹敵する濃密な勉強になる**のです。

なぜなら**この日は、自分が今まで行ってきた勉強が正しかったのか間違っていたのかはっきりとわかる日**だからです。

勉強したところはテストに出たのか、出なかったのか？

どこで点が取れて、どこで取れなかったのか？
予想通りの問題だったのか、意外な出題だったのか？
間違えた問題は理解が不足だったのか？
練習が不足だったのか？
解答スピードが不足だったのか？

結果に照らし合わせて、自分がやってきたことが成果を出しているなら継続する。的はずれなことをしていたなら改善する。より成果を上げるための明日からの行動がこの日に決まるのです。

このようなテストの分析に、さほど時間はかかりません。せいぜい1時間ぐらいでしょう。しかしこの1時間は、テスト前日に1時間勉強するよりはるかに大きな成果をもたらします。もしかして、しなくてもよかった勉強1時間分を発見できるかもしれません。そうしたらそれだけで元が取れます。

明日からの勉強の仕方、授業の受け方が変わるので、その後の勉強効率が2倍にも3倍にもなるのです。

返却されたテストとは、過去の結果ではなくて未来への道標なんですね。

ビジネスの世界で使われる、「ＰＤＣＡサイクル」の話をしました。燃費30キロメートルのクルマを作ろうとして、燃費20キロメートルのクルマしかできなくてもそれは失敗ではありません。改善すべき点を見つけて改善策を実行すればよいのです。改善策が正しければ、次は燃費25キロメートルのクルマができるはずです。

もし子どもが、80点取りたかったテストで50点を取って返ってきたなら、「なんだこの点数は！」と怒るのはＮＧです。テストが嫌いになるだけです。

「今回はしょうがないから、次はがんばろうね」と慰めるのもＮＧです。たとえ次のテストでがんばっても、成果は今回と同じでしょう。

その代わりにテストを一緒に見直して、あと何をしていたら30点増えていたのか考えてあげてください。

計算間違いをしたのか？
テスト範囲を間違えていたのか？
理解していない部分があったのか？
問題集をあと1ページやればよかったのか？

計算間違いで点数を落としているなら、計算の練習をすべきでしょう。

テスト範囲を間違えていたなら、先生の話を聴いていなかったことになります。

理解していない部分があれば、今からでも遅くありません。友達や先生に質問しましょう。

問題集をあと1ページやればよかったなら、次は最後までやりましょう。


いわゆる勉強が嫌いな子というのは、本当に勉強そのものが嫌いなわけではありません。「何を勉強すればいいかわからない」「何がわからないかわからない」から、どう勉強すればいいかわからないのです。

返ってきたテストを見直すことで、「何を勉強すればいいかわからない」「何がわからないかわからない」という悩みはきれいに解消されて、**次にすべきことがはっきりとわかる**のです。

□最強のノート術は「板書丸写し」

「勉強ができる人のノート術」「東大生はノートがきれい」——といった内容の本が流行っ

たことがありました。

要点がきれいにまとまっているノートは復習しやすく、テスト勉強で役立ちます。なので、きれいにまとめるノート術が成績アップの鍵になる……。ことは、残念ながらありません。

断言しますが、**ノートがきれいな東大生は少数派**です。東大の試験でも、試験前になると成績優秀な学生のノートが出回るのですが、解読困難なノートがなんと多かったことか。

かく言う私も、字の汚さには自信があります。

そして、生徒を教えるうえでも感じたことは、**きれいなノートを作る生徒に限って成績が伸び悩む**という事実です。

教師から見てもきれいにまとまっていて、細かなメモもしっかり取ってあるのに、いざテストになると点が取れないのです。おそらくは、ノートを作ることに集中して、成績につながる勉強ができなくなってしまうのでしょう。

では、勉強においてノートはどうでもいいもの、不必要なものなのでしょうか？

それも違います。

学校の定期テストであれば、テスト勉強としてノートの見直しをするだけで、ある程度の点が取れてしまう強力なツールになります。

やはり、**正しいノート術は存在する**のです。

ベストなノートの取り方は人それぞれに違うことがあり得ますが、その中でも誰にでも使える最強のノート術を紹介しましょう。

ただし、このノート術は、非常に誤解が多くて一般にはレベルが低い技術とみなされがちです。その最強のノート術とはなんと、

「板書の丸写し」

です。普通は、「ただ板書を写すだけでは、単純作業で頭に残らない」「自分なりの考えをまとめることがいい勉強だ」と否定的に言われます。そもそも、IT化がこれだけ進んだ社会で、先生が黒板とチョーク授業をすること自体古臭く感じます。

しかしこれは、「板書」の効果を軽く見すぎた意見です。

実は、一人の先生がクラスの30人とか40人をいっせいに教えることを前提とすると、**「先生が黒板にチョークで板書する」というスタイルを超える効果的な授業方法はいまだ開発されていない**のです。

熱心な先生はアクティブ・ラーニングやグループ・ワークなど、新しい授業スタイルに取り組んでいます。

学校は、ＩＴ技術など社会の先端を取り入れるのがいちばん遅い業界ですが、パソコンやタブレットを使える先生がいないわけではありません。教材会社も、ＩＴ化技術を使った新しい教材開発に熱心です。それでも、いちばん効果があるのが「黒板に板書」なのです。一つの証拠が、予備校の授業です。

最近予備校では、スマホやタブレットで授業を受けられるコースがあります。そのコースでは年俸数千万円のカリスマ講師が授業をしています。配信システムやアプリの開発には、数億円とか数十億円がかかっているかもしれません。コースを受ける方も、年間何十万円も払ったりしています。

しかし、その**スマホやタブレットでどのような授業をしているかというと、やっぱり「黒板に板書」**をしているのです。パワーポイントを使ったり板書なしでしゃべり続けたりはしないのです。

黒板に板書する理由は、予備校にパソコンを買う予算がないわけでも先生が口下手なわけでもないでしょう。不思議なことですが、**板書しながらしゃべるのがいちばん効果的だ**

からやっているのです。

なぜ黒板に板書するのが効果的な授業になるのか、現在の科学ではその理由ははっきりとは解明されていませんが、おそらくは、**先生の話を聴きながら板書をノートに写すことで「先生の頭の内容をコピーする」ことができる**のです。

勉強とは、「暗記ゲーム」でなく「相手の伝えたいことをわかってあげるゲーム」だとお話ししました。とすれば、学校の授業を受ける目的は「学校の先生の考えをわかってあげること」、予備校の授業を受ける目的は「予備校の先生の考えをわかってあげること」です。

授業中に集中すべきなのは、出てきた用語を憶えるのではなくて、先生の頭の中を理解することです。

もし、先生の頭と自分の頭をケーブルでつないで、パソコンのデータをコピーするように頭の中をコピーできたら、勉強がすごく簡単になるのですが、現在の科学技術ではそんなことはできません。

しかし、できるとすれば、**先生の五感（視覚・聴覚・触覚・味覚・嗅覚。特に視覚・聴覚・触覚の三つ）をなるべくコピー**すればそれに近いことができます。つまり、

黒板の板書を見ながら（視覚）
先生の話を聴きながら（聴覚）
ノートに写す（触覚）

ことで、先生の脳を自分の脳にコピーできるわけです。この脳のメカニズムは、脳科学者に研究してもらいたいところですが、何にしろ教育現場で効果が出ていることなのです。五感を使うのが重要なので、「板書をそのまま丸写しする」と言っても、視覚で黒板を見るだけでなく聴覚でも「授業をしっかり聴きながら」という前提です。

黒板を写真に撮って後から写したり、友達のノートを写したりしては効果が出ません。「板書をノートに丸写しするだけでは勉強にならない」と主張する人たちがいますが、これは本当は「板書を写すのに一生懸命で授業を聴いていないと勉強にならない」という意味です。**先生がしゃべっていることをしっかり聴くのは大前提**です。

むしろ、板書以外のことをノートに書こうとすると、先生の話を聴いていられなくなるので、余分なことは書かない方が授業に集中できます。

また、「ノートに一回書いただけでは憶えることができない。自分の意見や、授業中に気になったことをメモして思い出しやすくするのだ」と言う人もいますが、何度もお話しした通り、そもそも勉強の目的は「記憶」ではありません。相手の伝えたいことをわかってあげることです。授業中は何かを憶える必要はないので、**まずは先生が伝えたいことに集中する**べきなのです。

もちろん、自分が気になったことや面白いと感じたことをノートに書くのは悪いことではありません。また、先生によってはあまり板書をせずしゃべり続ける人もいるでしょう。そんなときに、授業をしっかり聴いている前提で、他にも書きたくなったらノートに書いてもかまいません。

ただし、先生が板書しなかったことは基本的にテストに出ません。**書き逃しても心配することは何もないのです。**

「色ペンや付箋はどう使うべきか？」

「授業が終わった後に、まとめノートを作った方がいいのか？」

という質問にも答えておきましょう。

板書を丸写しする目的は、先生の脳味噌をなるべくコピーしたいからなので、**色ペンは「板書と同じように使う」**のが正解です。

チョークの白一色しか使わない先生であれば鉛筆一本でいいですし、赤白黄色に青も緑もカラフルに使って板書する先生なら、同じ色を揃えます。

同じように、字の大きさやレイアウトも、なるべく板書を再現しましょう。

先生によって板書の上手い下手はありますが、たとえ下手でもまずはそのまま写します。

自己流で上手にレイアウトし直すことができるようになれば、自己流を加えてもよいですが、そのようなことができるためには、その勉強内容についてかなりの理解が必要です。そこまでできるなら、むしろ授業を受けなくても大丈夫なほど理解できています。

なお、**黒板に付箋をつけることはほとんどないので、ノートにも付箋はいらない**でしょう。


「授業が終わった後に、まとめノートを作った方がいい」というのは、授業中に取ったノートはメモ書きのようで見にくいし、きれいに自分でまとめ直した方がよいという意見です。

これはそれなりに正しいですが、ノートをまとめ直すのは時間がかかります。毎日の学習に取り入れるのはかなり大変でしょう。

ノートをまとめ直すのが好きならばやってもよいですが、時間効率は悪い勉強方法に分類されます。私は中学校のころに「ノートのまとめ直し」にチャレンジしましたが、１週間であきらめました。

さて、以下に最強のノート術3カ条をまとめました。シンプルですが、誰にでも実行でき、かつ効果が高いノートの取り方です。

その1：板書を丸写しする

先生の板書が下手でも丸写しする。

レイアウトや字の大きさはなるべくそのまま。

色ペンも、先生が使っているのと同じように使う。

その2：余分なことは書かなくてよい

書いてもよいですが、先生が板書しなかったことはテストに出ません。

その3：ただし、話をしっかり聴くという前提を忘れない

ノート術の前に、もっとも大事なことです。

□劇的に勉強観が変わる「出題」の練習

少し上級者向けの勉強方法ですが、ぜひやってもらいたいのは「出題」の練習です。テスト問題を予想するには実際に出題してみるといいという話をしましたが、出題者の立場になってわかることは、テスト問題だけではありません。勉強そのものに対する見方がひっくり返ってしまうほどの効果があります。

勉強だけに限りませんが、消費者の立場から製作者の立場に変わると、見えるものが大きく変わります。

好きなマンガで考えてみましょう。

大好きなマンガ(たとえば『ONE　PIECE』)があって、何十回も読み込んだとします。登場人物のセリフを全部憶えているぐらいです。当然、ストーリーの流れは全部知っているし、どんな脇役も把握しています。ここまでいけば、「『ONE　PIECE』のことは全部知っている!」と豪語してもよさそうですね。『ONE　PIECE』全日本選手権があれば、優勝できるぐらいの自信です。

ところが、この自信は簡単に打ち砕かれます。

試しに、このマンガをマンガ家になったつもりで「描いて」みましょう。

もちろん、絵を完全に真似することは難しいですし、背景やキャラクターを全部書き込むのは大変です。再現度は気にしないことにしましょう。ストーリーとセリフはそのままでOKです。

やってみると、あまりの多くの発見に驚くことでしょう。

なぜこのコマ割りの線は斜めなのか。なぜこのセリフは二つの吹き出しに分かれているのか。前のページとこのページで目の書き方が違うのはなぜなのか。この登場人物はなぜこのタイミングで登場したのか……。

今まで知らなかった『ONE PIECE』にたくさん出会うはずです。そして、これからこのマンガや他のマンガを読むときの視点は、大きく変わります。今まで気にしなかったコマ割りやセリフの文字数、登場人物の目線などに、大きな意味があることを知ってしまうのです。

読者の立場で何十回読んでも絶対わからないけれど、マンガ家の立場になって読むとすぐにわかることがあるのです。

読者からマンガ家に立場を変えたのと同じように、与えられた問題を解くだけの生徒から出題者に立場を変えると、たくさんのことがわかります。

具体的に何をすればいいかというと、**友達と問題を出し合う**のがいちばん簡単でしょう。一般的に、「友達と一緒に勉強する」というのはおしゃべりするだけで効率が悪くなる、オススメしない勉強法なのですが、この「問題の出し合い」だけは学びが多いです。

実際に問題を出すとなると、今まで気にしなかったいろいろな点を考慮して、先生は問題を出していたことに気づきます。

まずは問題の難易度。誰にでも簡単に正解されてしまうと、出題者としてあまり楽しくありません。逆に難しすぎて誰にも解けない問題を出しても虚しくなります。なので、解答者ががんばればちょうど解けるような、ギリギリの問題を作りたくなります。そうすると、**「この簡単な問題はどうやったら難易度がちょっと上がるだろうか……？」というようなことも考えるようになります**。

次にバランス。特定の分野ばかり出題していると、出題者は飽きてきます。織田信長だけではネタが尽きてくるので、フランシスコ・ザビエルや豊臣秀吉からも出題したくなるのです。

そして重要度。あくまでテストに出そうな問題を出そうとするでしょう。自ずと、重要な部分を選ぶことになります。

採点のしやすさも考慮したくなります。たとえば、「徳川幕府の将軍でいちばん重要なのは誰か？」という問題は非常に採点しづらいです。「徳川幕府の初代将軍は誰か？　漢字4文字で答えよ」だったら採点が簡単です。

注意点としては、可能ならクラスでいちばん成績がいい人と問題を出し合ってください。どうしても、自分と同じぐらいの成績の人が友達になりやすいのですが、**成績がいい人の出題力は非常に参考になります**。

もし子どもがクラスでいちばん成績がいい場合は、**周りの友達に「教えてあげる」ことが非常に有効な勉強になります**。わからない人になんとか伝えようとすると、まさに先生の気持ちがわかるのです。

□どうやって「憶えるのか？」ではなくて、どうやって「憶えないか？」

「どうやったらたくさん憶えることができますか？」
「うちの子はもの憶えが悪くて、どうすれば記憶力がよくなりますか？」

よく、こんな質問をいただきます。

勉強とは記憶量を競うゲームで、勉強ができる人というのは、たくさんのことを記憶できる能力や、いちど見聞きしただけで記憶する技を持っていたりすると思われています。「どうやって憶えるのか」が勉強の必勝法のように考えられています。

しかし、これは大きな誤りで、実際はまったくの反対です。

本当は、**勉強のできる子が集中していることは、「どうやって憶えるのか」、でなくて「どうやって憶えないか」**なのです。

人間の記憶力とはまったく頼りにならないもので、かつ、個人差があまりありません。どれくらい頼りにならないかというと、1日で半分のことを忘れ、1週間経つと8割から9割のことを忘れると言われています。1週間たつとデータが9割消えてしまうパソコンでデータを保管するのはいい作戦ではないですよね。それと同じぐらい、勉強においても人間の記憶を保管する作戦は頼りになりません。

一般的には「いちど勉強しても、すぐに忘れてしまうので反復することで定着を図りましょう」と言われます。これはこれで正しいのですが、**反復練習するのはどうしても手間と時間がかかります。どうせならば、憶えること自体を減らした方が効率的**なのです。

ですから、勉強のできる子は「どうやって憶えるのか」という質問を自分にしません。**「どうやって憶えないか」という質問が成績を伸ばすのです。**

「憶えないことによる力」を実感できる方法を紹介しましょう。それは、神経衰弱必勝法です。

めくられたカードをすべて記憶できれば、神経衰弱では必ず勝つことができます。だから、普通は神経衰弱とは記憶力で勝敗が決まるゲームだと考えられています。しかし、実のところ人間の記憶力は頼りにならず、さらにたいていの人はだいたい同じぐらいの記憶力を持っています。神経衰弱の必勝法はカードを全部憶えることではありません。**「カー**

ド を3枚しか憶えない」のが必勝法なのです。

意味がわからないかもしれませんね。しかし、小学校のときにこの必勝法を編み出してから、私は神経衰弱で負けたことがありません。

どういうことかというと、そもそも人間の頭では、数字は三つ四つしか記憶できないようになっています。その証拠として、電話番号や郵便番号は3〜4桁で区切ってあります。電話番号を5桁にすると、皆電話すらかけられず、間違い電話が急増するでしょう。現在は西暦2000年と少しなのでまだ年号を憶えることができますが、西暦1万年を超えると、歴史の授業を受ける生徒は大変なことになります。

そして、この三つ四つというのはどんなに頭のいい人でもあまり変わりません。神経衰弱をする場合は、「ゲームをする人全員が3枚のカードを憶えることができる」と考えて差し支えありません。もちろん、私も3枚しか憶えることができません。

では、同じ枚数しか憶えることができないのに、どうやって勝つのでしょうか？　ゲームの参加者がどの3枚を憶えるかというと、ほぼ間違いなく「最近めくられた3枚」です。全員が憶えているので、この3枚は競争率が高い激戦区になります。スペードの7の次にすぐハートの7が出たら、必ず誰かに取られるでしょう。

なので、自分はカードを3枚しか憶えないとしたら、他の誰も憶えていない「最初にめくられた3枚」を憶えると、競争相手がいないのでカードを取り放題になります。ただし、その3枚だけはしっかりと憶えておいてください。実際にやってみるとわかりますが、3枚だけでも憶えるのは大変です。だから、カードをめくるときは必ず「憶えているカードの隣」をめくってください。それでかなり憶えやすくなります。

このように神経衰弱をプレイすれば、私はまず間違いなく負けません。たった3枚のカードしか憶えていないのに勝つことができるのです。逆に、たくさんのカードを憶えようとするほど1枚1枚があいまいになって、3枚すら憶えることができなくなってしまいます。

この神経衰弱を実際に家族でやってみて欲しいのですが、大きな学びが得られます。

まずは、完全に**記憶力ゲームだと思われている神経衰弱でさえ、戦略や作戦の方が重要であること**。**勉強も同じで、記憶力ではなく勉強のやり方、戦略や作戦の方が重要**なのです。次に、人の記憶力は誰もが同じようなものだということ。カードの数字を5枚以上憶えることのできる人はほとんどいません。それなのに、**神経衰弱でも勉強でも、成果に大きな差がつくのです。**

■速さの公式

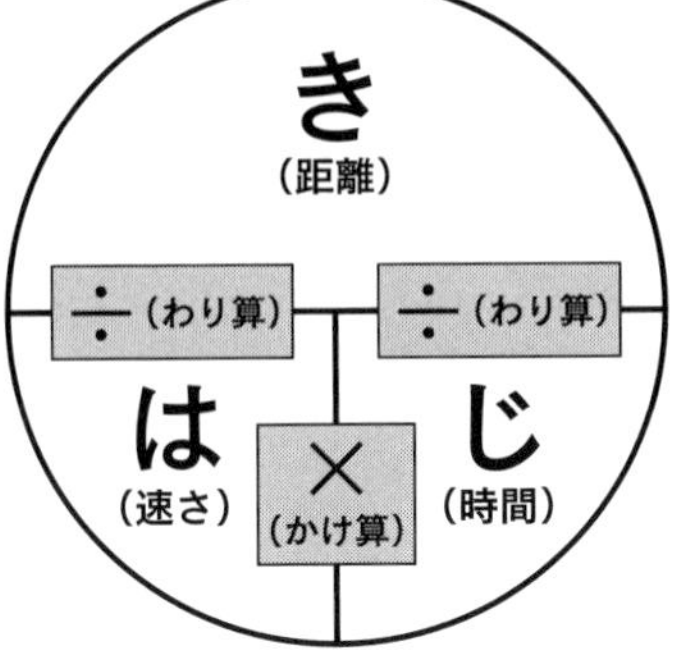

ちなみに、「カードの数字を5枚や6枚憶えるのなんて簡単じゃん」という人がいるかもしれません。そういう人が5枚以上憶える場合は、「ビジュアルで憶える」という技を使っていると思います。「スペードの5の右にダイヤの2があって、1枚飛ばしてダイヤのエースが……」ということを、写真のように絵で記憶する方法です。確かにこのような技を使うと、もっと多くのカードを憶えることができるのですが、神経衰弱実戦では使いにくい技です。プレイヤーみんながカードをめくるのでカードの位置や向きがすぐにズレ、写真として記憶できないからです。

では、勉強で「どうやって憶えないか」。その具体例をいくつか紹介していきましょう。

〔例1〕算数、理科の速さの公式

速さの重要公式として、次の三つがあります。

・速さ＝距離÷時間
・距離＝速さ×時間
・時間＝距離÷速さ

というやつですね。この三つを全部憶えれば速さの問題は解けるのですが、では三つも憶えないといけないのでしょうか？　実は、一つだけ憶えれば、式変形するだけで他の二つが導けます。たとえば速さなら、日常的に「km/h」という単位を目にすることが多いので「速さはkm/hなので距離÷時間！」と一つだけ憶えておけば、他は憶える必要がありません。

小学校の場合はちょっと式変形が難しいので「キの下でハジをかく」という173頁「速さの公式」の図を一つだけ憶えます。図を一つ憶えるだけで公式三つ分になるのです。

さらにいうと、**算数や理科の公式は憶える必要すらほとんどないものです**。「テストでこの公式を使う」とわかっていれば、テストがはじまる5分前に公式を確認します。そして、問題用紙が配られたら、名前より先にこの公式を問題用紙の裏に書くのです。人間の記憶は、１日経つだけでなくなってしまいますが、５分ぐらいなら憶えています。そしてカンニングでもなんでもなく、正しい公式を見ながら問題を解くことができます。

この「憶える公式を減らす」技術は、小学校から大学受験まで使えます。どんな難関大学だろうと、物理の入試問題を解くのに必要な公式は全部でＡ４用紙１枚に収まる程度です。Ａ４１枚ぐらいであればテストがはじまる10分前で復習できるので「公式を忘れて困った！」ということにはなりません。

公式を憶えることよりも、「問題を解くにはどの公式が必要か」を特定することが大切になってきます。

〔例２〕社会科の歴史

憶えることを少なくしろと言われても、科目によっては限界があります。たとえば社会の歴史分野であれば、どうしても人名や年号を憶えないといけません。それでも、憶えることを大きく減らす技術はたくさんあります。

社会科の教材として「教科書」と「プリント」と「資料集」を使っていたとしましょう。憶えるなら、必ずこのうち一つに絞ります。教科書なら教科書、プリントならプリントしか憶えないと決めるのです。

するとこの**瞬間、憶えるべきものは3分の1に減りました**。

騙されたように感じるかもしれませんが、このように教材を絞るのは非常に重要です。

ではどのように一つに決めるのかというと、目標とするテスト等によって変わってきますが、**学校のテストならば「授業のプリントやノート」、受験であれば「教科書」**を選んでほぼ間違いありません。目標とするテストにマッチした参考書があるならば、それでもよいでしょう。

よくないのは、不安になっていろいろな教材に手を出すことです。

学校のノートと塾の問題集、通信教育の付録の暗記カード……。これらを全部憶えようとすると、一つ一つの効果は薄くなり勉強量は膨大なものになります。

繰り返しますが、人間の記憶力はほとんど差がありません。

本当に成績がいい子はたくさん記憶しているのではなく、テストに出る重要ポイントだけを憶え、知識の体系化を行って憶える量を減らしているのです。

完全な暗記ゲームだと思われている神経衰弱でさえ、憶えるカードを3枚に絞ることが必勝法でした。あらゆる勉強で、憶えることを絞ることこそが必勝法です。「どうやって憶えるか？」ではなく「どうやって憶えないか？」という質問をすることが効率的な勉強への鍵なのです。

□ 予習は不要

「勉強の基本は予習と復習」
「毎日の予習と復習が子どもを伸ばします」

このようなことがよく言われます。日々の学習とは、予習と復習から成っているという考えです。予習と復習が大事だということに、ほとんどの人は同意するのですが、では具体的に、予習と復習とは何をすればよいのでしょうか？　この問いに答えられる人は非常に少ないです。

子どもたちも、ただ「予習と復習をしなさい」とは言われますが、予習と復習のやり方を教えてくれる人はいないので実行できないのです。これはかわいそうですね。

そこで、効果的な予習と復習のやり方を解説していきたいと思います。

予習と復習はいつやればよいのでしょうか？
予習と復習はどうやってやればよいのでしょうか？
予習と復習とは何を目的とするものなのでしょうか？

まずは予習についてです。

いきなりですが、予習は基本的に必要ありません。

身も蓋もない結論ですが、これだけで勉強時間を3割削減できる重要なことです。もし今予習に力を入れているのなら、やめて他のことに時間を使った方がいいでしょう。

「基本的に」と言ったのは、いくつか例外はあるからです。

高校以上の英語、特にリーディングでは予習が必要です。あらかじめ英文を読んで、知らない単語があったら辞書で調べるというのが英語の予習です。しかし、高校の英語以外で予習が必要になることはほとんどないでしょう。他の科目でも、先生から「予習としてこれをやってきなさい」と指定されたときはやる必要がありますが、これはどちらかというと宿題に分類されます。やり方も先生が指定するので、やり方がわからないことはありません。

では、なぜ予習は必要ないのでしょう？

誤解のないように強調しておきますが、予習に意味がないとは言いません。しかし、**効果が高い予習というのは現実的に難易度が高く誰にでもできるものではないし、中途半端な予習は効率が悪い**のです。

一般的に、予習の効果は「授業が理解しやすくなる」ことだと言われます。もう少し詳しく言うと、あらかじめ自分のわからない部分を特定しておき、わからない部分に集中して授業を受けることで余裕を持って授業を受けられる効果です。

小数の掛け算と小数の割り算を習うとき、「小数の掛け算は自分で教科書を読んで理解できたけど、小数の割り算は理解できなかったので、ここをしっかり授業を受けよう！」ということです。

なのですが、もしこのように小数の掛け算を独学で理解できたなら、実は授業を受ける必要はありませんよね。しかし、現実には小数の掛け算の授業も受けることになります。小数の割り算は自力で理解できなかったので授業で理解に努めることになりますが、無事授業を受けて理解できたらＯＫ、授業を受けても理解できなかったら次の手段を探すことになります。

結局のところ、**予習をしてもしなくても、同じ時間の授業を受けることには変わりなく、時間の節約になっていない**ことにお気づきでしょうか。

「わからない部分に集中して授業を受ける」ことはメリットにならないのです。

実際、予習に効果があるとすれば反復効果です。どんなことでも、2回3回と繰り返した方が理解と定着は進むので、1回授業を受けるよりも

予習↓授業↓復習

で3回繰り返した方が定着するでしょう。なので、予習をすることで反復回数を増やすことは意味があるのですが、それならば、

授業↓復習↓復習

と**2回復習をした方が、はるかに簡単で時間も節約できます**。つまり、同じ時間を使うなら予習でなくて復習や問題演習に使った方が効率的になるのです。

予習をするということは、自分の知らないことをゼロから独学で理解しようという試みで、難易度が高く時間もかかります。せっかく学校や塾で授業をしてくれるなら、まずは授業を受けてから、自分で復習と問題演習をした方がお得ですよね。

もちろん、子どもが自発的に予習をし、自分でどんどん先に進んでいくというならばやってよいです。小学生のうちから中学数学や高校数学に興味を持ち、独学で数学を学んでいくのは素晴らしいことです。

ただし、こういう場合、学校の授業が面白くなくなるでしょうし、テストの出題範囲と勉強している範囲もズレるので成績には直結しないかもしれません。あくまで、成績のためではなく、自分の興味や趣味で進んでいるということに注意しましょう。

予習と同じように、「先取り学習」も基本的には必要ありません。

たとえば小学校3年生のときに小学校4年生の算数を勉強するのが先取り学習ですが、それで小学校4年生での成績が上がる効果は微々たるものです。先取り学習をするぐらいなら、3年生の復習に力を入れた方が安心して4年生を迎えることができます。

もちろん、非常にできがよくて、どんどん自分で進むならば4年生の勉強をしてもよいですが、おそらく学校の授業は退屈でつまらなくなるでしょう。どちらかというと、先取り学習には学校が嫌いになる効果があります。ただでさえ、「できる子」にとっては退屈になりがちな学校の授業なので、**学校がつまらなくなるというデメリットを超えるメリットが「先取り学習」にあるのか**、しっかり考えてから進めましょう。

基本的には必要ない「先取り学習」ですが、受験対策のスケジュールによっては必要になります。学校の進度を待っていたら、いつまで経っても受験対策をはじめられないという場合は、何かしらの「先取り学習」をした方が受験で有利になります。ただ、この場合でもまず考えるべきは受験対策のスケジュールです。受験対策でいつ何をするかによって必要な「先取り学習」が決まるので、「先取り学習」は優先的に考えるべきことではありません。「先取り学習」に手いっぱいで受験対策がおろそかになっては本末転倒です。

このように、時間対効果がよろしくない「予習」ですが、一応、学習を効果的にするための予習方法というのは存在するので、紹介します。

「そんな予習方法があるならなぜ今まで言わなかった！」とつっこまれそうですが、少々難易度が高く上級者向けであることと、これは本来は教師の仕事だからです。よい教師がいるのなら、ここで紹介する「予習」は授業の中に組み込まれているので自分でやらなくてもよいのです。

学習を効果的にするための予習とは、教科書などをざっと読んで、次の二つを行うことです。

1．全体像をつかむこと
2．学ぶ内容を有限にすること

「全体像をつかむこと」とは、観光に行く前に地図を用意することに似ています。

観光旅行で、パリに行ったとしましょう。ホテルはエッフェル塔のすぐ近くでした。では午前中にエッフェル塔に行って、次に凱旋門を観に行きたいとき、どうすればよいでしょう？　やみくもに歩いても、まずたどり着くことはできません。

辺りの人に道を尋ねるというのは一つの手です。「凱旋門はどう行けばいいですか？」と尋ねれば、親切な人は道を教えてくれます。「あの橋を渡ったら右折して、公園が見えたら左折して……」という感じです。ただし、一度聞いただけでは道をマスターするのは難しいので、少し先に行っては次の道を尋ねることになると思います。道に迷う可能性もあるのでドキドキです。さらにもしかして、この人は凱旋門までの道ではなくて、近くのメトロの駅を案内しているのかもしれません。なかなか一筋縄では凱旋門にたどり着けないでしょう。

このようにドキドキしながら時間をかけて観光するのは、面白いときもあるのですが、時間効率という面では非効率です。凱旋門までたどり着いたときには夜になっており、本当は今日ルーブル美術館にも行きたかったのにそんな時間はなかったということになってしまいます。

普通は、観光をはじめる前にパリ市内の地図を用意しますよね。すると、現在地と目的地がわかるので、効率的に移動することができます。歩いて行くにしろ、メトロに乗るにしろ、スムーズに移動できます。一日にいくつもの観光スポットを回ることができるのです。

勉強でも同じことが言えます。地図を持たずに観光し、何度も未知の物に出くわすのは面白さもあるのですが、時間がかかります。無理に急いでも道に迷ってしまいます。そして、本当に目的地にたどりつける保証はありません。

全体像がわからないまま勉強すると、毎回未知の物に出くわす面白さはあるのですが、道に迷いやすく、迷ったときになかなか元の道に戻れません。

あらかじめ地図を用意し、全体像をつかむことが効果的な「予習」の一つです。

「学ぶ内容を有限にすること」とは、ちょっと意味がわかりにくいかもしれませんが、意外とモチベーションに大きく影響します。人間は、先の見えない作業を続けることはできないので、終わりがわかるようにするだけでもモチベーションが上がるのです。

仕事で考えてみるとわかりやすいです。

土木工事の仕事をしているとします。現場監督から指示が来ました。

「この石を10個積んでね。そしたら給料が出るよ」と言われれば、ああそうですかと仕事をはじめると思います。この仕事は3時間ぐらいで終わるかな、というような目安も立ちます。ところが、指示が次のようだったらどうでしょう。

「いくつで終わるかわからないけど、石を積んでね」

突然、地獄がはじまります。仮に同じ石を10個積む仕事で、給料も同額だったとしても、同じやる気では行動できません。

終わりの見えない仕事とは恐ろしいもので、賽《さい》の河原で石を積み続けるようなものです。

やる気は出ないけど仕事をしないと怒られるので、しょうがないから叱られない程度にダラダラと仕事をするのではないでしょうか。

「勉強しなさい」と言われた子どもも同じです。

「算数は図形と割合を勉強したら、テストで100点が取れるよ」と言われたら勉強する気にもなりますが、「どれだけ勉強したらいいかわからないけど、勉強してね」と言われたら、「賽の河原で石を積み続けなさい」と言われたに等しいのです。やる気が出ないどころではありません。しょうがないから、叱られない程度にダラダラと勉強をはじめることになります。

勉強をするうえで、**何を勉強すればいいか、何項目勉強すればいいのか、何ページ勉強すればいいのか、という「終わり」を知ることは、効果的な「予習」の一つで、モチベーションに大きく影響する**のです。

ただ、この予習で行うべき二つのこと「全体像をつかむ」「学ぶ内容を有限にする」は、子どもが自力で行うには難易度が高く、本来は教師が指導することです。

優秀な先生なら、たとえば算数の授業にあたり、このようにはじめるはずです。

「今日は、3種類の四角形について学びます。3種類とは、台形、平行四辺形、ひし形です。初めて聞く言葉かもしれませんが、全部四角形の一種です。それぞれどんな四角形なのか一つずつ見ていきましょう」

生徒がこの説明を受ければ、今日の授業の全体像がわかり頭の中で地図になります。パリで観光するときに、エッフェル塔、凱旋門、ルーブル美術館の三つの目的地を地図で確認するように、今日学ぶことの全体像がわかるのです。

同時に、学ぶべき四角形の種類が無限でなくて三つであることもわかります。三つなら少なくて簡単だと感じるか、三つでも多くて大変だと感じるかは、また人それぞれですが、少なくとも無限の石積みからは解放されて、終わりの見える仕事になるのです。

このような全体像の把握が自分でできれば勉強の効率は確かに上がるのですが、少し難しいですし、そもそもこれができる子は授業を受ける必要もなく自分で理解できてしまうでしょう。だから、予習の腕を磨くよりは、よい教師を探した方が手っ取り早いです。

総じて、**予習や先取り学習は難易度が高く時間対効果が悪いので、本当に楽しいと感じたときだけ、本当に必要だと感じたときだけ、行えばよい**と思います。

□5分で終わる効果的な復習

日々の勉強の中で重要と言われる予習と復習、その中でも復習の方が圧倒的に大切だという話をしました。**極端な話、予習をまったくせずに、その時間をすべて復習につぎ込んだ方が成績はよくなる**でしょう。

しかし、復習が大切だと言う人は多いものの、具体的な復習のやり方はあまり教えてもらえません。

復習とは何をすればいいのでしょうか？
復習はいつすればいいのでしょうか？
復習は何回すればいいのでしょうか？

これらの疑問に、答えられる人は少ないのです。

一般的に、復習の目的は、学んだことを何回も繰り返して記憶を定着させることだと言われます。

短期記憶と長期記憶という言葉をご存知でしょうか？

短期記憶とは、たとえば先週初めて会って名刺交換をした人の名前です。多分、会った当日ぐらいは名前を憶えていて話をしたのですが、1週間も経つとあまり憶えていないでしょう。

それに対し長期記憶とは、家族の名前です。同じく人の名前ですが、出張で1週間会わなくても忘れることはありません。しかし、名刺交換をした人も、その後毎週会って仕事をするようになれば、そうそう名前を忘れることはなくなります。これが短期記憶が長期記憶になる例です。

勉強でも同じように、短期記憶で憶えたことを復習して繰り返すことによって、長期記憶にすることが重要だという理論が一般的です。

では、どのくらい復習を繰り返せば、短期記憶は長期記憶になるのでしょうか？

たまたまネット上で見つけた記事なのですが、「復習のやり方とは」と題された記事にはこのようなことが書いてありました。

〝憶えたことは24時間以内に急激に忘れていくので、学んだ当日に1回復習をしましょう。勉強した当日は1回だけ復習し、しっかり睡眠をとります。

次の復習のタイミングは、翌日です。これで3回学んだことになります。

翌日に復習をしたら、つぎは1週間後、そして2週間後にも反復します。復習のやり方としては、無難な方法です。

最後に1カ月後に、もう一回復習をします。これで短期記憶から長期記憶に移動します。ただし人間の記憶というものは、使わないでいると、どんどんさびついていくものなので、その後も復習を繰り返していきましょう。

1カ月後のあとは、3カ月後、6カ月後、1年後というように間隔を広げていきます〟

この記事に書いてあることは、間違っていません。しかし、間違っていないだけに大変困ったことになるのです。

このやり方では、長期記憶に移動するために1カ月で5回(当日、翌日、1週間後、2週間後、1カ月後)復習することになっています。

もし今日、鎌倉時代について勉強したとしましょう。この復習を実行するなら、まず今日1回復習をし、さらに残り4回の復習をカレンダーに書き入れます。翌日、1週間後、2週間後、1カ月後です。

次の日は、英語のｂｅ動詞を勉強しました。この日にすべきはｂｅ動詞の当日の復習と鎌倉時代の翌日の復習です。そして、カレンダーにｂｅ動詞を復習する日（全部で４日間）を記入します。

さらにその次の日は、国語の慣用句を勉強しました。すると今日の復習は慣用句とｂｅ動詞です。そしてまたカレンダーに慣用句の復習をする日を書き入れます。

この時点で、カレンダーは大変なことになっています。３日経っただけで１カ月分のカレンダーは復習で真っ黒になります。今日、復習すべきこともｂｅ動詞なのか鎌倉時代なのかよくわかりません。なお、このまま続けると１カ月後からは毎日４科目の復習を行うことになります。

この例では１日に１科目しか勉強しませんでしたが、実際は学校で１日５科目を勉強したりします。ということは、１日20科目相当の復習を毎日続けなくてはならないのです。復習だけで。もちろん、学校や塾の授業は普通に受けた上での話です。

果たして、こんなことは実行できるのでしょうか？

そして、もし実行できても、残念ながら「人間の記憶というものは、使わないでいると、どんどんさびついていくもの」なのでさらに復習をしないと忘れていきます。

どうも**この復習方法は、普通の人には実行できない上に、頼りになりません。**

では、勉強ができる人は超人的にこのような復習をしているのでしょうか？　それとも復習がいらない超人的な記憶力を持っているのでしょうか？

答えはどちらもＮＯです。**勉強ができる人はこんな復習をしていません。記憶力も人並みです。**では、この復習方法の何が間違っているのでしょう？

・記憶には短期記憶と長期記憶がある
・短期記憶は、１カ月間に５回復習することによって長期記憶に移動する

このことは、脳生理学的にもどうやら正しいようです。そして個人差もあまりありません。先の記事に書いてあることは間違っていないのです。しかしそもそも、復習の目的、というよりは勉強の目的を取り違えているからこんな実行できない勉強方法になってしまうのです。

まず何度も話しているように、**勉強の目的は「記憶すること」ではありません。「相手の伝えたいことをわかってあげること」**です。

暗記や記憶は、勉強のほんの一部分です。

ゴルフでいうなら、記憶とは「ドライバーの飛距離」のような位置づけです。確かにドラ

イバーで飛ばした方が有利になるし便利なのですが、ゴルフのルールは「ドライバーでたくさん飛ばした方が勝ち」ではありません。少ない打数でカップに入れることが重要なのです。**たくさん記憶した方が勉強に便利ではありますが、伝えたいことをわかってあげた方が勉強の成果になります。**

ですから、復習の本当の目的も、「記憶すること」ではありません。**復習の目的はこれです。**

「重要ポイント体系化する」

ちょっと難しく感じるかもしれませんが、実際にやることは簡単です。**最大効率を発揮する復習方法は、**

「その日に学んだことを要約する」

これだけでＯＫです。具体的には、ノートや教科書を見ながら、自分で自分に次の質問をします。

1. 今日勉強したことの重要ポイントは何か？
2. 今日勉強したことをまとめると何だったのか？

できれば、答えはノートに書きましょう。この質問に、特に正解はありません。考える過程が重要です。

たとえば鎌倉時代について勉強したなら、

今日勉強したことの重要ポイントは何か？

「鎌倉幕府は守護と地頭を置いた」

今日勉強したことをまとめると何だったのか？

「鎌倉幕府は源頼朝が開いたが、その後北条氏が力を握った」

この程度の答えで大丈夫です。守護と地頭より鎌倉仏教の方が重要だと考える人はいるでしょうし、鎌倉時代のまとめに元寇がないのはおかしいと思う人もいるでしょう。正解は人それぞれです。しかし、この**答えを探す間に、他の部分も含めて鎌倉時代の重要ポイントは頭に定着し体系化されていく**のです。

重要ポイントが体系化されると、これはなかなか頭から離れません。短期記憶を飛び越えて長期記憶になります。もちろん、これだけでテスト対策になるわけではなく知識の穴も多いので、「源頼朝」という漢字を練習するとか鎌倉仏教の僧侶の名前を憶えるといったテスト対策は別途必要になるでしょう。しかし、そのテスト対策が圧倒的に楽になるのです。

この復習に必要な時間は5分ぐらいです。そして、1回でいいです。しかし、必ずその日のうちに行ってください。

5分ぐらいで済むので、休み時間にちょっとやるだけでも終わります。そうしたら、復習まで終わっているので家で好きなだけ遊んでOKです。

子どもの復習を手伝いたいなら、次のように声をかけてあげましょう。「今日勉強したことは何？　今日勉強したことをまとめるとどうなるの？」

一緒に勉強しなくても5分で勉強を見ることができ、親の時間も大きく節約できます。子どもが何も思い出せなかったら、ノートや教科書を見ながらでよいです。暗記ではないのですから。ただし、なるべく具体的に聞き出します。

「今日勉強したことは何？」「算数！」ではなく、「分数の割り算！」「分数の割り算は逆にして掛ける！」というところまで引き出せると上出来です。

何時間勉強したかが重要ではありません。何を学んだかが重要です。

第4章

親にできるサポート

子どものやる気を引き出す声のかけ方

□勉強において、叱る場面は存在しない

「早く宿題やりなさい！」

「なんでこんな問題ができないの！」

「ちゃんと勉強しないからこんな点数なんだ！」


子どもの勉強を見ているとどうしても叱りたくなることがよくあります。勉強が得意な子どもを育てようとしたら、絶対にやってはいけないのがこの「叱る」ことです。

基本、**叱ることにはデメリットしかありません。**


まず、**子どもは勉強が嫌いになります。絶対です。**叱られることで勉強好きになる可能性は0％です。

「うちの子は勉強が嫌いで……」という悩みを持っているのなら、最初に考えるべき原因第1位は、間違いなく「子どもが勉強で叱られているから」です。

さらに、**叱り続けているとジワジワ効いてくる効果が、「話を聴かない子になる」こと**です。

誰でも、怒鳴り声や暴力的な言葉、否定的な言葉は聞きたくありません。叱られ続けると無意識に心の耳を閉じてしまい、話を聞かないことが普通の状態になります。

そうすると、学校の先生の声も塾の先生の声も耳に入ってきません。一生懸命学校や塾に通わせたところで勉強が身につかないことになってしまいます。

「とはいえ、子育ての中で叱るべき場面はあるので、褒めて育てるだけではいけないのでは？」という質問を受けたことがあります。

確かに、**子育て一般の中では叱るべき場面が存在します。具体的には二つの場面——危険なことをしたとき。そして、人さまに迷惑をかけそうなとき**です。

ボールを追いかけて道に飛び出しそうになったら、怒鳴りつけて首根っこを捕まえてでもやめさせないといけません。一緒に遊んでいた友達のおもちゃを奪って帰ってきたら、場合によってはぶん殴ってでも叱った方がいいかもしれません。

しかし、勉強においては危険なことも、人に迷惑をかけることもまず発生しません。宿題をしなくても、車に轢かれる心配はありません。テストで0点を取っても、人に迷惑がかかることはありません。勉強においては、叱る場面は存在しないのです。

それでも叱りたくなるのなら、その原因をもう少ししっかり分析してみましょう。確かに誰かに迷惑をかけているかもしれません。迷惑をかけている相手は、そう、叱りたくなったお父さんお母さん自身です。

ママ友の娘の○○ちゃんはいつもテストで90点以上を取ってくるのに、うちの子は30点台だと惨めですよね。お母さんを恥ずかしい気持ちにさせています。

あるいは、子どもの将来が心配になったお父さんは心配で夜も眠れず、睡眠不足で仕事に悪影響を及ぼしてボーナスが下がってしまったかもしれません。

こういう場合は、確かに誰かに迷惑をかけていますし、叱りたくなります。

ただし、このようにお父さんお母さんが迷惑をかけられていると感じるケースは、お父さんお母さんの感情の問題であって、子どもの勉強の問題ではない、ということに注意してください。

「○○ちゃんはいつもテストで90点以上を取ってくるので、プライドが高いママは恥ずかしく感じるの」「お父さんは繊細だから、お前の将来が心配になって夜も眠れなくなるんだ」などのように、自分の感情を正確に正直に伝えましょう。

問題になっているのは勉強でなく、あくまでお父さんお母さんの感情の問題だとわかると、やはり叱る必要はないことがわかります。

子どもの勉強において、叱る場面はやっぱり存在しないのです。

ただ注意してもらいたいのは、「どんなときも子どもは褒めて育てましょう」と言っているわけではないということです。実は、褒めて育てるデメリットというのも存在します。

正確には、褒めて育てるデメリットと言うよりは、褒めても叱っても避けられないデメリットです。それは子どもが、「人の顔色を窺いながら生きる人間になってしまう」という一面です。人から褒められるように、人から叱られないように生きるようになってしまうことです。

たとえば、テストでよい点を取ってきた子どもを褒めたとしましょう。子どもは喜びます。次のテストもよい点を取ろうと努力するでしょう。ここまではいいのですが、もし次のテストで褒めるのをやめたら、もう嬉しくなくなって勉強したくなくなります。それだけならまだしも、よい点を取って褒められるのが目的なので、カンニングしてでもよい点を取ろうと考えるかもしれません。ただし、カンニングがバレると叱られてしまうので、バレないカンニングの方法を必死で考えるでしょう。

このように、テストの点を取るためならカンニングまでする子には育って欲しくありませんよね。でも、褒められたり叱られたりすることで自分の行動を決めて生きるなら、こうした行動は合理的になってしまうのです。

褒められても叱られても、いい悪いは外の世界から決められるということになります。外の世界とは、両親や学校、友達や社会のことです。小さなときからずっと「ああしなさい、こうしなさい」と言われて育つと、自分の考えで行動する主体性は失われ、自由な表現もできなくなります。

たとえ成績がよくていい学校に入っても、大きくなって就職するときに「どんな会社に勤めたいの？　何がやりたいの？　好きなことは何？」と聞かれても答えることができないのは、このような、褒められて叱られて育ってきたタイプです。**外の世界に求められるように生きてきたので、自分の内なる世界が封印されてしまったのです。**

勉強において、叱ることは百害あって一利なし、褒めることもプラス面とマイナス面が両方あるので注意が必要です。

とはいえ、「うちの子は言わないと行動しないから……」という家庭は多いことでしょう。

しかし、**叱ったりご褒美を出したりしなくても、子どもの勉強に対するやる気を高めていくことは可能**です。と言っても、無理矢理子どものやる気を高めるのではなく、本来子ども自身が持っている好奇心と向上心をサポートして育て、実行に移していく方法です。どのように子どもの好奇心と向上心を行動につなげるのか、次の項目から話していきましょう。

□必ず成果が出る目標の立て方

勉強に限らず仕事でもスポーツでも、**成功を得られるかどうかの半分は適切な目標設定をしたかどうかにかかっています**。目標がないと達成はできません。ロンドンに行きたいなら、ロンドンを目的地にしないといけません。北京を目的地にしていてロンドンにたどり着くことはありません。勉強でも、「算数で50点を取りたいなぁ」と思っていて１００点になることはないのです。

とはいえ一方で、目標さえ立てたら必ずそれが実現するわけでもありません。「ダイエットをする！」という目標を決めて三日坊主で終わる人のなんと多いことか。

子どもの勉強では、どんな目標を立てるべきなのでしょうか？

勉強において目標を立てるときに、これだけは外してはならない二つのポイントがあります。それは、

1. 自分で立てること

2. 具体的で明確であること

まず、目標は必ず子ども自身に立てさせましょう。子ども自身の感情と結びついていることが大切です。達成したら嬉しいと思うことを自分で決めさせることが、子どものやる気と直結します。押しつけられた目標はやる気にならないのです。

ただ、子ども自身で目標を立てるとなると親としては心配なことが出てきます。

まずは、**親の期待とは違う目標が出てくる**こと。医学部を出て家業の病院を継いで欲しいのに「おれはユーチューバーになるんだ！」と言いだすかもしれません。

また、子どもに任せると**高すぎる目標や低すぎる目標を設定するかもしれません**。高すぎて全然達成できない目標だとかわいそうですし、低すぎる目標に満足してもらっても「お前はそんな子じゃない！」と言いたくなるでしょう。

なので、親としての意見やアドバイスはしてもいいと思います。「お父さんと同じ母校に行ってもらいたい」というような期待を伝えたり、いつも算数のテストが30点であればいきなり100点を目指すのはハードルが高そうなので「とりあえず60点を目指してみない？」と言ってみたり。しかし、最終的にはあくまでも子ども自身に決めさせましょう。**気が乗らない目標、他人が決めた目標は、目標に向かって進んでいてもたいして楽しくない**

のです。

そして、ここで重要なのは目標を決めることによって努力が楽しくなることです。結果的に、目標を達成できなかったり、目標を大幅に超えた成果を出したりしても問題ありません。

もう一つの外してはならないポイントは、「具体的で明確であること」です。**目標は、具体的であればあるほど強力になります。**大人であっても、たとえば次の二つの目標を比べてみましょう。

目標その1：海外旅行に行く
目標その2：ハワイで1週間を過ごし、ダイビングでウミガメに出会う

具体的で明確な目標その2の方が、ワクワクしてきますよね。さらに、この方が実行計画が立てやすくなります。「海外旅行に行く」だと次に何をすればいいかわかりませんが、「ハワイで1週間を過ごし、ダイビングでウミガメに出会う」という目標なら、1週間の休みがどこで取れるか探せますし、旅行代理店に見積もりを取れば必要なお金がわかります。

勉強でも同じように、「勉強して成績を上げる」という目標より「次の算数のテストで1

00点を取る」という目標の方が強力です。この場合、100点を取れる可能性が何％あるのかということはあまり関係ありません。ハワイでダイビングをしても100％ウミガメに会えるとは限らないですが、それでも楽しい目標ですよね。

ぜひ子どもと一緒に、新しい目標を立ててみてください。

ここで、オススメする三つの目標を紹介します。

「自分で立てること」「具体的で明確であること」という二つのポイントを満たしていれば、楽しく努力できて目標達成は自然に近づいてくるのですが、勉強に関して言うと、ほとんどの場合、以下の三つから選べば必ず楽しく成果につながります。

- **テストで○○点を取る**
- **学校の成績（通知表）で○○を取る**
- **○○（学校、検定試験等）に合格する**

これが、必ず成果の出る三つの目標です。

勉強の目標はこの三つから選べばいいと言われると、当たり前すぎるように感じるかもしれません。あるいは、違和感があるかもしれません。

当たり前すぎると感じた方は、〇〇に入れる数字や学校に注意してください。
まず、決めるのは子ども自身です。親の期待ではありません。
そして、どんな数字や学校を入れればいいかというとその基準はシンプルで、ズバリ「それが達成できたら嬉しいか？」というただそれだけです。
目標には、自分の感情が乗っている必要があります。逆に言うと、**自分で決めた感情が乗っている目標には自然に努力するようになるのです。**

たとえば子どもに「次の国語テストで何点取りたいの？」と聞いてみましょう。「別に何点でもいいや……」という気のない返事だったら、さらに聞きます。

親「じゃあ、テストが20点だったら嬉しい？」
子「ううん、嬉しくない」
親「じゃあ、テストが１００点だったら嬉しい？」
子「それは嬉しいよ」

このように、必ずどこかに、取ったら嬉しい点数があるはずです。何点取れば嬉しいかは人それぞれですし、子どもが取って嬉しい点数と親が嬉しい点数は違うかもしれませんが、必ず存在します。

何百人の生徒を指導しても、0点を取って嬉しいという子は出会ったことがありません。また、100点を取って気持ちが沈む子にも出会ったことがありません。

さて、100点を取って嬉しいなら100点を目標にするのも手ですが、普段のテストが60点ぐらいであれば直接目指すには難易度が高すぎる目標で、何を勉強したらいいかわからないかもしれません。ですので、さらに細かく聞いていきます。

親「じゃあ、70点だったら嬉しい？」
子「うん、嬉しい」
親「じゃあ69点だったら？」
子「あんまり嬉しくないかも」

このように、嬉しさを感じる境目が70点にあることがわかりました。それならば、嬉しさを感じる範囲でギリギリハードルが低い70点を目標にするのが、感情が乗っている範囲の目標でいちばん成功率が高くなるでしょう。

親の期待から見て低い目標でも、この時点では子どもが自分で決めた目標を尊重します。自分が決めた目標を達成できれば、必ず次はもっと高い目標が欲しくなります。

逆に、子どもに失敗して欲しくないからと、意図的に低い目標も課さないでください。自分の感情に比べて低すぎる目標は、達成しても嬉しくないのでやる気になりません。特に「やる気さえ出せばもっと点を取れるんだよ！」と思っている子は、低い目標に反発して結局何もやりません。

通知表でも同じです。オール1で喜ぶ子も、オール5で落ち込む子も存在しません。その間に必ず、目標とすべき「感情が乗る場所」が存在します。その目標を一緒に見つけてあげましょう。

子どもに限らず、ほとんどの人はどうなったら嬉しいのか自分自身でもよくわかっていないので、嬉しいポイントを明確にする手助けが必要です。

なんとなくハワイ旅行に行きたいと思っていても、ハワイでダイビングをしたいのか、ショッピングをしたいのか、ビーチでゴロゴロしたいのか、具体的な選択肢を提案されないとなかなかワクワクしてこないのと同じです。

子どもに目標を押しつけるのでなく、かといって好き勝手やらせるのでもなく、**本当に**

ふさわしい内なる目標を引き出してあげるのが親の務めだと言えます。

ところで、目標を決めると言っても、

・テストで〇〇点を取る
・学校の成績（通知表）で〇〇を取る
・〇〇（学校、検定試験等）に合格する

このようなペーパーテストだけの目標に違和感がある人もいるでしょう。

別に、学校の成績が社会に出てからの実力になるわけではないし、テストの点しか取れない子どもに育って欲しいわけでもありません。もっと、将来の夢につながる目標を持ってもらった方がいいように思えます。

次の項では、なぜテストの点数だけを重視してもいいのか解説しようと思います。

□ペーパーテストの点数だけを目指していいのか？
その通りです。

教育の目的とは何でしょう？

この問いに自信を持って答えられる人は少ないと思います。また、答えられても人によって答えが違ってなかなか合意が得られません。

それに、教育と一口に言っても、幼児教育と新入社員教育とではずいぶんと目的が違います。

一口には語れませんし意見が分かれるところはありますが、学校教育に限って言うと、大体は「立派な社会人を育てる」ということで異論はないでしょう。ただし、何をもって「立派な社会人」とするかは人それぞれで、また意見が分かれます。立派な人とは、

- 最後までやり遂げる人のことだ
- お金をしっかり稼ぐことのできる人のことだ
- 誰からも信頼される人のことだ
- 人にやさしくできる人のことだ
- 職業で役立つ技術を持つ人のことだ
- 高い社会的地位につける人のことだ
- 国を大切にする人のことだ
- 国際的視野を持つ人のことだ

などなど、本当に人それぞれ言いたいことが違います。ただ全体的に、信頼・愛情・性格といった人間性の分野と、実用的な技術の分野が両方で高いレベルだと「立派な人」と呼ばれる感じはします。たとえば立派な英語の通訳とは、人々に愛されて英語力の高い人のことです。

お父さんお母さんも、我が子にどんな大人になって欲しいかというと、「明るくて行動的で人に慕われて仕事ができて会社で出世して家族を大事にできて……」というように人間性の分野と技術の分野で期待や要望がたくさんあると思います。

このように、学校教育で育てるべき「立派な社会人」の定義が人によってバラバラなのはしようがないことではあるのですが、それにしても不思議なことがあります。

人間性の分野も実用技術の分野も、学校の科目にはほとんどないことです。

学校の科目に「明るい性格」とか「出世の仕方」はありませんし、入試で「信頼されている度」とか「営業成績」は問われません。

立派な社会人として、消費税の計算ぐらいはできた方がいいので、小数の掛け算割り算は習得すべきだと思われますが、2次方程式は必要なのでしょうか？　2次方程式はあまりいらない気がします。尊敬している人や社会のリーダーを思い浮かべてください。その中で、日々、2次方程式を解いている人はほとんどいないはずです。けれども、学校で習うのも入試に出るもの、人間性とは関係なく特に社会で役立つわけでもない2次方程式の方なのです。

学校での勉強と、実際に子どもたちに身につけてもらいたい人間性や技術は違うものです。だから、「学校の成績は社会に出てからは関係ない」「ペーパーテストでは測れない人間性を育てるべきだ」という意見が生まれます。

私もそう思います。**「ペーパーテストで測れる能力と育って欲しい人間性は違う」という意見に同意するからこそ、「学校ではテストの点数だけを目指すべきだ」**という主張をしているのです。

これは、矛盾しているように感じられるでしょう。しかし、**学校でテストの点数だけを目指すべきなのは、いくつかの理由があります。**

まず、そもそも学校教育にはいわゆる「読み書きそろばん」以外を教える力はありません。この事実を認めるべきでしょう。

学校の先生自身が、教えられるだけの人間性と社会で使える技術を持っているとは限らないからです。決して、学校の先生の人間性が悪いわけでも能力が低いわけでもありません。学校の先生も普通の人で、読み書きそろばんを教える専門家以上の存在ではありません。

先生個人を見ると、たくさんの人間的美徳が見つかるでしょう。明るくて前向きな先生がいます。家族を大切にする先生がいます。粘り強い先生がいます。けれども、完璧な人間性を持つ先生は一人もいません。聖人君子のような先生は学校にいないのです。

学校の先生の多くは、社会に役立つ技術に疎いかもしれません。だって小学校を出て、中学校を出て、高校を出て、大学を出て学校に就職した人たちです。学校以外の社会を経験したことがない人が多いのです。社会で役立つ技術を先生に学んでもらおうとしても、世の中の変化は早すぎます。ウェブサイトやスマホアプリを作るプログラミング言語は毎年変わりますし、医学の論文は日本だけで毎年約1万5000本も出ているそうです。

理想はどうあれ、**現実として学校の先生は「読み書きそろばん」を教える技術しか持っていないし、学校には「読み書きそろばん」を教える機能しかありません。**

学校の先生には「ペーパーテストだけでは測れない子どもの意欲や才能を育てなさい！」という要請が文部科学省や保護者から来ます。しかし、ほとんどの現場の先生は「問題はそこじゃない」と感じています。

たとえば、「三角形の内角の和は180度だ」ということを用いて「四角形の内角の和は

360度である」ということを導き出すことができます。実際に小学5年生の授業で教えられています。

ここで生徒に学んで欲しいことは、「四角形の内角の和は360度である」と暗記することではなくて、「三角形の内角の和は180度だ」という事実を使って、自分で四角形の内角の和を数学的に導き出す力を身につけることです。社会で役立つ問題解決能力というやつです。しかし現実は、クラスの生徒の半分以上は「三角形の内角の和は180度だ」という前提を理解していなかったりします。

先生の感じる現実問題として、「読み書きそろばん」さえ、きちんと教えられていないのにその先を教えようとするのは無理筋なのです。

テストの点数だけを目標とすべき二つ目の理由は、**なんだかんだ言っても皆テストの点が欲しい**ことです。

「ガリ勉にはなって欲しくない。明るくて、行動的で、人に慕われて、仕事ができて、会社で出世して、家族を大事にできる人になってもらいたいんです！」という希望はあるのですが、じゃあ本当に学校の成績やテストの点数がどうでもいいかと言うと「そうはいってもある程度は……」ということになります。

欲しいものがあれば、欲しいものを目標にしましょうというシンプルな考えです。目標とそのための努力を一致させることが重要です。

泳げるようになりたいなら水泳を練習し、サッカーが上手になりたいならサッカーを練習することです。水泳を練習することで体幹が鍛えられ、サッカーのシュートがうまくなる可能性はないわけではないですが、かなり遠回りです。**よい成績が欲しいならよい成績を目指せばよい**のです。


私の知人に、仕事のためにロサンゼルスと東京で半年ずつ過ごしている人がいます。小学生のお子さんも、一緒にロサンゼルスと東京を行き来しています。小学校は、どちらでも地元の学校に通わせているそうです。その方にこう質問したことがあります。

「お子さんが半年ずつしか学校にいないと、友達づき合いはともかく、学業で困りませんか？」

答えはこうでした。

「子どもは両方の国に友達がいて、英語とスペイン語、日本語の3カ国語をしゃべることができます。ですが漢字は書けません。でもそれでいいと思っています。何より本人が選んだことですし」

きっとこの子は、3カ国語を操りいろいろな文化を理解する大人に育っていくでしょう。国境を超えて活躍する国際的なリーダーになるかもしれません。ただし、漢字は書けないし出席日数も足りないので、日本の学校の成績はオール１になるでしょう。小学校を卒業できるかも怪しいです。

この知人一家のように、親も子ども自身も、心の底から「学校の成績なんて重要でない」と思っているならこれは素晴らしいことだと思います。学校の成績より大切なことはたくさんあります。ただし、「とはいえある程度の成績は……」と思っているなら、素直に成績の向上を目指すのが正しい努力です。

ところで、学校の通知表には、一つの教科の中に以下の四つの項目が含まれています。

■関心・意欲・態度
■思考・判断・表現
■技能
■知識・理解

書き方は地域や学校、学年で異なりますが、内容的にはこの四つの項目になるように文部科学省が定めています。

「知識偏重の教育から、思考力や主体的な姿勢を伸ばす教育に変えなければならない！」

と言われて久しく、この考え方が通知表に表れています。いわゆるペーパーテストで測れる「知識・理解」は全体の4分の1で、しかも優先順位はいちばん下ということです。逆に、いちばん重要なのはいちばん上の「関心・意欲・態度」だという考え方ですね。

実際には、ペーパーテストの中で「この問題は思考・判断・表現の問題」「この問題は知識・理解の問題」というように区分けされていて、その区分けの得点率が成績に反映されることが多いです。

「思考・判断・表現の問題の正答率は80％だったからA」「知識・理解の問題の正答率は50％だったからC」といった感じです。「思考・判断・表現」「技能」「知識・理解」についてはこのような評価方法が主流なので、やっぱり4分の3、つまり75％ぐらいはペーパーテストで成績がつくことになります。

そしていちばん上の「関心・意欲・態度」は、授業の出席日数や宿題の提出率が反映されることが多いです。

個人的には、「関心・意欲・態度」が評価項目にあるのは子どもの主体性を無視したひどいシステムだと思っています。

たとえば理科にどのくらい関心があるのか、意欲があるのかというのは本人がいちばんわかっています。逆に、外の人からはまったくわかりません。

星の動きに興味があって将来は天文学者になりたいと思っていても、宿題が退屈で提出していないと、この項目は低評価になります。逆に、嫌々でも授業に出て宿題を提出していれば、この項目の評価が上がります。

知識や理解度なら外から客観的に評価されてもしょうがないのですが、自分の気持ちを無視して「関心」が決められるというのは受け入れがたいことです。**「主体的に学習する態度を伸ばす」教育を目指しながら、実際は子どもの主体的な感情を無視している**のですから。

と、学校システムに文句を言ってもしょうがないので「よい成績が欲しいならば」成績アップを目標にして成績が上がるような行動をしましょう。ただし前提は「成績が欲しいならば」です。心の底から学校の成績が不要だと感じられるのであれば、目指す必要はありません。学校の成績は人間性や社会に出てからの実力と何も関係ないのですから。

□子どもの将来を思うほど、目先のことに集中させる

「勉強しないと将来困るのは自分なのよ！」

子どもの将来を真剣に考えるからこそ、よく出てくる親のセリフです。確かにその通り。勉強するのはいつのためかというと、大人になったときのためです。大人になってからこそ、勉強の必要性がわかるのでほとんどの大人は「若いころ、もう少し勉強しておけばよかったなぁ」と後悔します。逆に「あんなに勉強しなければよかったよ」と後悔する人には出会ったことがありません。これに異論を唱える大人はいません。学歴の高い大人も低い大人も、みんな同じように感じています。

しかしです。**大人はみんな同じことを思っているのですが、これが子どもにはまったく伝わりません。**どんなに丁寧に説明しても、子どものころ勉強しなくて困った人の実例をあげてもピンと来ないのです。

その理由は、大人と子どもで時間の流れ方が違うからです。

「ジャネの法則」を思い出して下さい。「体感時間は、年齢に反比例する」という法則です。40歳の大人と8歳の子どもでは、時間の流れ方が5倍違って感じられるのでした。子どもにとっての将来、たとえば20年後の話は、大人にとっての100年後と同じです。

実際、子どもが小さければ小さいほど、近い時間軸にある興味に集中します。たとえば中学生、高校生になると「受験」や「就職」というのは現実的な目標になってくるのですが、小学生のころは「中学受験」ですら、遠くて現実味のあまりない目標です。もっと言えば、小学生にとっては「2学期の成績」とか「明日のテスト」すら、かなりの長期目標です。

時間を5倍で換算すると、「来年の成績」や「5日後のテスト」のことなので、今すぐ行動が必要な目標に感じにくいことがわかります。

子どもが集中するのは非常に短期の時間軸なので、「今日何をするか?」「今何をするか?」が重要です。

小学生に「受験勉強をしましょう」では通じず、「今日は問題集のこのページを仕上げましょう」だと自然に燃えてくるのです。

逆説的ですが、**子どもの将来を思うほど目先のことに集中させる**ことが、子どもの主体性を引き出すコツなのです。

将来の夢ではなくて、今現実の目の前にあることに集中させてあげましょう。

ここで、「そうは言っても、子どものころの夢を大事にしてその夢に向かって努力するのは成功の秘訣と言われるじゃないか」と思うかもしれません。

確かに、イチロー選手や本田圭佑選手は、小学校の卒業アルバムに「契約金1億円以上のプロ野球選手になる」「ワールドカップで有名になってセリエAに入団する」とはっきり書いていたというエピソードがあります。

子どものころから夢を明確にして、それに向かって努力するというのは素晴らしいことです。

ただ、イチローや本田圭佑の例は、「将来の夢」と「将来なりたい職業」が一致した幸運な例です。似ているようで違うこの二つを混同してはいけません。**「将来の夢」と「将来なりたい職業」を一緒にすると、困ったことがいくつも起こります。**

子どもに「将来の夢は？　将来、何になりたい？」と聞いてみましょう。自分の目に見える身近な職業、あるいはテレビやインターネットで目にする職業が人気になります。「プロ野球選手」「看護師」「バスの運転手」「寿司職人」などなど。最近だと人気なのが「公務員」「ユーチューバー」でしょうか。

まず出てくる問題として、このように将来の職業を目標にすると、適切な努力がだいたいは学校の勉強「ではない」ことです。

その職業になるのにどうしても学歴が必要なのは、医者・看護師に公務員ぐらいです。他の職業はたいてい学歴を必要としません。それよりも、本気でプロ野球選手を目指すなら、まずすべき努力はバットの素振りでしょう。プロ野球選手になりたいなら甲子園には出場したいですが、勉強しなくても野球推薦で高校に入ればよいのです。もし本気でユーチューバーになりたいなら、今やるべきは算数の勉強でなくて一本でも動画を撮影してユーチューブにアップすることです。

本当にそのような職業につきたいなら、それに向かって何か行動をするのが最適な努力です。実際に動画をアップしてみたらユーチューバーとしての才能が花開くかもしれませんし、逆に難しさがわかって興味がなくなるかもしれません。どちらも悪いことではありません。いずれにしろ、**ほとんどの職業で、その職業につくという目標に向かう最短距離は学校の勉強をすることではありません。**

ある職業に就くことを「夢」と考えることのもう一つの問題は、現代社会はあまりに複雑で変化が速いということです。

プロ野球をしているのはプロ野球選手のように見えますが、実際は選手の他に、バットやグローブを製造している人、球場を掃除している人、その掃除道具を作っている人、プロ野球団のスポンサーであるたとえば新聞社、その新聞を印刷するのに使うインクを作っている人など、他にもたくさんの関係者がいます。

プロ野球選手になりたいと思った子どもたちが全員プロ野球選手になってしまうと、インク屋さんがいなくなり、新聞が発行できなくなってプロ野球も存続できなくなってしまいます。

このように、プロ野球を存続させるためにはインク屋さんが必要ですが、子どもの目（というかほとんどの人の目）に、その存在は見えません。

「将来インク屋さんになりたい！」と夢を語る子どもには、会ったことがありませんが、おそらく、将来プロ野球選手になりたいと思った子どものうち何人かは結果的にインク屋さんになるかもしれません。これらの人は夢破れたわけではありません。子どものころは想像すらしなかった形でプロ野球の発展に貢献しているのです。**複雑な現代社会の中では、その世界に行かないと知ることのできない職業はたくさんある**のです。

さらに、**社会の変化が激しいこの時代では、そもそも子どもたちの将来である20年後の社会は誰も予測できません**。10年前になかったものが当たり前のように普及し、さらに10年後にはなくなってしまうということはよくあります。

乗り物が大好きで「将来の夢は？」と聞くと、「バスの運転手！」と答える子がいたとします。微笑ましいですね。

が、しかし、20年後の未来にバスの運転手という職業が存在するかどうかは怪しいです。もしかして、バスの運転は全部自動運転になっていて、運転手は一人もいないかもしれません。

逆のことも言えます。現在アップル社でiPhoneを開発している人の中で、子どものころの夢が「大きくなったら、タッチパネルで動く携帯電話を作る開発者!」だったという人は、おそらく一人もいないでしょう。

子どもたちが社会で活躍する20年後は、今誰も思いつかないような職業が生まれていて、**今この本を読んでいるあなたの子どもも、現時点では想像できないような働き方をしている可能性が高い**のです。

本当に大事にすべき「子どものころの夢」とは、なりたい職業ではなくもっと大きなものです。

「誰かの役に立ちたい」
「社会から尊敬されたい」
「誰も見たことのないものを見てみたい」
「毎日楽しく笑って過ごしたい」

そんな、**大人になって忘れがちな日々の感情こそが、子どものころの大切な夢だったと後でわかります。**

子どもの夢を大切にするのは素晴らしいですが、夢として将来の職業を語らせても、それは子どもの未来を中途半端に縛る可能性があり、また職業に向かう適切な努力が学校の勉強であることは少ないのです。

さて、このように子どもは目の前のことにしか興味がないし、無理に長期目標を持たせようとしても役に立たないのですが、かと言っていつまでも視野の狭い人間であって欲しくはありません。

「百俵の米も、食えばたちまちなくなるが、教育にあてれば明日の一万、百万俵となる」という、いわゆる米百俵の精神があります。一時の辛抱が将来の大きな利益を生むたとえです。大人になったときにはこのようになるべく長い時間を視野に入れて行動してもらいたいですよね。

ですので、**親としては子どもの時間軸を理解した上で、長い時間軸を意識させてあげる**ようにしましょう。たとえば「今日は友達とゲームしたい！」という気持ちを理解したうえで「来週のテスト対策はいつやるの？」と聞くわけです。

最初から「来週のテスト対策をしなきゃダメでしょ！」では子どもが理解できず、反発するだけです。

まずは、子どもに合わせて立場に寄り添ってあげるのが大人の対応なのです。

□夢が現実になる「目標のブレイクダウン」という技

子どもを主体的に勉強させるためにはどうすればいいかというと、叱ってはダメ、褒めてもダメ、将来の夢を語らせてもムダ、塾に通わせても成績は上がらない……。

それじゃあいったい何をすればいいんでしょう？

ここまで読んだ方はそう思っているかもしれませんね。目標を決めたところで、どうやったらそれに向かって勉強するモチベーションが出てくるのでしょう？

実は、明確な目標が決まれば、その目標に向かってドンドン勉強が進んでいく必殺技のような方法があるのです。

それが、「目標のブレイクダウン」です。前提として、まずは目標がしっかりと決まっていることが必要です。

しっかりした目標とは、

1．自分で決めたもので、感情が乗っている
2．明確で具体的であること

が条件です。このしっかりした目標がないと、この方法は機能しません。そもそもしっかりした目標を設定する人が少ないので、この方法は非常に有用でありながらあまり使われないのです。

目標設定の高い低いはあまり関係ありません。テストで30点を目指しても100点を目指しても、達成すれば自分が(親でなくて子ども自身が)嬉しくなる目標であればいいのです。

この、**自分で決めた目標を細分化して、行動レベルまで落とし込むのがブレイクダウン**です。

例として、「2学期の社会科の通知表で5を取る」という目標を立てたとしましょう。

この時点では、目標を立てただけでその実現方法はわかっていません。

神社にお祈りに行けば「5」が取れるのでしょうか？　学校の先生にお中元を贈ったら「5」になるのでしょうか？　たぶん違いますが、まずはどうなったら通知表が「5」になるのかを調べます。

成績の決め方は地域・学校・学年によって違いますが、だいたいはテストの点数と平常点(授業の出席率、課題提出率など)の組み合わせです。

具体的にどうなったら5になるのか、先生が直接教えてくれるとは限りませんし、相対評価だと先生もはっきりしたことはわかりません。それでも先生に聞くことはまったく失礼ではありません。むしろ、先生は公平性のために答える義務があります。あるいは、実際に「5」を取っている子に聞いてみてもいいかもしれません。

ここで重要なのは、「〝どうやったら〟5を取れますか?」ではなく、「〝どうなったら〟5を取れますか?」と質問することです。文字にするとわずかな違いですが、実際は大きな違いです。

「どうなったら5を取れますか」と聞けば、誰に聞いても同じ答えが得られます。たとえば

「宿題を全部提出してテストで80点以上を取ると5になります」という答えです。もし違うことを言う人がいたら、どちらかが間違っています。

「どうやったら5を取れるか」と聞いてしまうと、人によって答えが違います。

ある人は「たくさん勉強すれば5が取れるよ」と言い、ある人は「真面目に授業を受けれ

ば5が取れるよ」と言い、ある人は「社会科を好きになれば5が取れるよ」と言います。全員、言っていることは正しいのですが、誰のアドバイスを元に行動すればいいかわからなくなってしまうのです。

さて、「〝どうなったら〟5を取れますか」と先生やクラスの友達に聞いた結果、「宿題を全部提出してテストで80点以上を取ると、かなりの高確率で5になります」とわかったとします。これで目標が一段階細分化できました。

・宿題を全部提出する
・テストで80点以上取る

です。このうち、「宿題を全部提出する」というのは、やろうと思えば実行できます。今までやる気がなかったとしても、確実に目標につながると実感できれば、楽しく実行できるようになります。

サッカーの練習でも、無目的に30分間ランニングをするのはつらいですが「45分ハーフを走りきるためには、30分で疲れてはいけない」ということがわかれば、有意義で楽しい練習になるのと同じです。

もう一つの「テストで80点以上取る」というのは、まだ実行の仕方がわかりません。なので、公開されたテスト範囲や過去問をもとに80点の取り方を調べます。するとどうやら、今までのテスト問題は授業のプリントと副教材の問題集から出ていることがわかりました。次回のテストの範囲はプリント10枚と問題集12ページです。これでもう1段階、目標が細分化できました。

・プリント10枚を勉強する
・問題集12ページを勉強する

ということです。「勉強する」というのは曖昧なので、さらに具体的にしましょう。

・プリント10枚の重要ポイントを探す
・問題集12ページを解く。間違えた問題はもう一度解く

もしテストに使える準備期間が1週間なら、さらに一日ごとの目標に細分化できます。

・一日2枚プリントの重要ポイントを探す
・一日2ページ問題集を解く。間違えた問題はもう一度解く

これで、「2学期の社会科の通知表で5を取る」という目標を、毎日実行できるところまで細分化できました。あとは実行すれば目標が達成できるわけです。

このように目標をブレイクダウンすることによって、目標達成のやり方がわかるようになります。

子どもが勉強しない大きな理由は、勉強の目的がわからないことと、やり方がわからないことです。ですがこのように**目標をブレイクダウンすることによって、「やるだけで目標が達成できる！」というシンプルな行動計画に変わってしまう**のです。やるだけで目標が達成できるのですから、やらない理由がありません。

さらに、時間の流れ方が速いために長期目標に興味がない子どもも、より時間軸の短い「今日何をするか」という目先の目標に変わるのでやる気がでてきます。

お父さんお母さんに手伝って欲しいのは、この目標をブレイクダウンする作業です。

子どものモチベーションを上げようと、怒ったり褒めたりする必要はありません。勉強

の重要性を言葉で教える必要もありません。つきっきりで勉強を見てあげる必要もありません。

子どもの中にある目標を引き出してあげること、その目標をブレイクダウンして毎日やるべきことに落とし込むこと。それだけで、子どもは自然と勉強に取り組みます。

実際、自ら進んで勉強する子というのは、無意識的にこのような目標のブレイクダウンをしているから行動できているのです。

ただ、ブレイクダウンの作業は、情報収集が難しいときもありますし、どんな子どもでも自分でできるというわけではありません。中学生や高校生になれば自分の力でできるようになって欲しいところですが、小学生ぐらいまでは自分の力でできる子は少数派でしょう。

だからこそ、この部分はお父さんとお母さんに手伝ってもらいたいのです。

ちなみに、このようにブレイクダウンして作った実行計画でも、「実際にやってみたものの、目標に届かなかった！」ということはあり得ます。あり得ますが、そのときは「この本に書いてあることはウソだったんだ！」とは思わないでください。

もしも実行計画通りに行動してみて目標に届かなかったら、それは実行計画のどこかが誤っていたということです。その誤りを改善して次の計画に生かすのがＰＤＣＡサイクル

(Plan・Do・Check・Action)です。

1回やって成功が100%保証されることはどんなときでもありません。しかし、改善を活かして2回目3回目にチャレンジするとき、それは必ず効率がよくなり成功に近づいています。

目標のブレイクダウンという方法は、受験でも強力な効果を発揮します。

「〝どうやったら〟開成中学に受かるのですか?」とか、「〝どうやったら〟東大に受かるのですか?」と誰かに聞いても、答えは人それぞれ様々で、誰の答えが正しいのか誰の答えを参考にしたら自分に合っているのかわかりません。

しかし、**「〝どうなったら〟開成中学に受かるのですか?」「〝どうなったら〟東大に受かるのですか?」と質問をすると、なんと驚くべきことに、答えが開成中学のホームページや赤本に書いてあります。**

開成中学のホームページを見てみましょう。過去5年間の入試状況が掲載されています。

ここで注目すべきは「合格者最低点」です。平成29年度だと、「195点」と書いてあります。過去5年間で見るとこれは低めの数字で、１９５点〜２３０点を取ればギリギリ合格できるということがわかります。満点が３１０点なので、得点率にすると62％〜74％取れば合格です。

開成中学の場合、「推薦制、２次募集、帰国生特別試験、および期末・学年末の編入試験はありません」と書いてありますので、「入学試験で１９５点〜２３０点を取る」――これがすべての合格条件です。

偏差値がいくつ以上あれば合格とか、勉強時間が何時間以上あれば合格とか、どの塾に通っていると合格とかは書いてありません。

次に、どのような入学試験で１９５点〜２３０点を取ればいいかというと、過去問は本屋で売っています。これを買ってきて解いてみて、無事１９５点〜２３０点を取れれば合格です。

まあ実際はいきなりこの得点が取れることはないので、「２３０点を取るためにはどうなればいいのか？」が次のブレイクダウンになります。合計で２３０点になっていればいいので、科目の配点は自由です。

「国語：65点　算数：65点　理科：50点　社会：50点」でもいいですし、極端な話、「国語：85点　算数：5点　理科：70点　社会：70点」でも受からなくはありません。

科目の難易度や得意不得意で目標の配点を決めればいいのですが、たとえば「国語：65点　算数：65点　理科：50点　社会：50点」と決めたらなら次は「国語で65点を取るにはどうなったらいいのか？」……というように、さらに目標をブレイクダウンしていきます。

最終的には、「この国語の問題集を一日〇ページやる！」というような実行可能な目標に落とし込めれば、今日の目標と大きな目標がつながって、自然と努力できるようになるのです。


東大についても見てみましょうか。

やはり合格者の最低得点に注目します。

平成28年の理科一類でいうと、第1段階選抜（いわゆるセンター試験足切り）で900点中728点を取り、第2次学力試験で550点中328点を取れば合格だそうです。東大でも、偏差値や勉強時間は合格判定に関係していないことがわかります。

第2次学力試験はセンター試験の900点が110点に圧縮して加算されていますので、センター試験も最低点の728点だったとすると728×110÷900≒89点分がセンター試験での得点になり、実際の2次試験では440点満点中239点を取れば合格です。

センター試験の得点率80・8％、2次試験の得点率54・3％で東大合格ということです！

このように**ブレイクダウンしてみると、「東大合格」という目標は、はじめすごく遠大で難しいように見えますが、意外と低い合格ラインで大丈夫だということがわかり、実現方法が見えてきます。**逆に「テストで50点を取る」というような一見低い目標でも、そのやり方がわからなければ実現はなかなか近づいてきません。

目標をブレイクダウンする魔法の言葉「〝どうなったら〟目標は実現しているのか？」は、NASAが月に宇宙飛行士を送り込んだときにも使っていたようです。

1961年、ケネディ大統領が「10年以内にアメリカは人間を月に送り、無事帰還させる」と宣言したとき、その実現方法は誰も知りませんでした。

当時のどんな科学者も、「〝どうやったら〟月に行って帰って来られますか？」という質問には答えることができなかったのです。しかし、「〝どうなったら〟月に行って帰って来られますか？」という質問なら答えることができます。たとえば、

「月と交信できる通信技術が必要だ」
「月まで届くロケット燃料が必要だ」
「宇宙飛行士を守る耐熱材が必要だ」

などなどです。この目標をさらにブレイクダウンするために「どんな耐熱材なら宇宙飛行士を守れるのですか?」という質問に答えていきます。そうすると、「○度の温度に耐える材料が必要だ」というような答えが出てくるのです。

月への行き方はさっぱりわからないけど、「○度の温度に耐える材料」を見つけるのはかなり現実的で実行可能なことですよね。

こうして、目標がブレイクダウンされることで当時誰も実現方法がわからなかった「人間を月に送り、無事帰還させる」という目標が達成されたのです。

目標は、小さなものから大きなものまでなんでも構いません。

ただし、自分の内なる感情から出てきたもので、具体的なものであることが必要です。

「目標は何?」

「どうなったら目標は達成されているの?」

子どもと一緒にこの問いに答えていくと、いつの間にかその目標は達成されているのです。

□立ててはいけない五つの目標

勉強において立てる目標は、結局のところ次の三つから選べばよいという話をしました。

・テストで○○点を取る
・学校の成績（通知表）で○○を取る
・○○（学校、検定試験等）に合格する

将来の夢を目標にしても現在の勉強とつながらないことがほとんどですし、「お医者さんになる」というように、勉強が直結する将来の夢だとしても、その実行計画を考えるととりあえずは「医学部に合格する」「推薦をもらうために、学校の内申点で○を取る」というような短期〜中期の目標にブレイクダウンした方が妥当です。

まだ納得いかないこともあると思いますので、ここでは、立ててはいけない目標の５パターンを紹介します。間違った目標設定は将来の夢も遠ざけてしまうのです。

〔間違い1〕勉強時間を目標にすること

「小学生のうちから一日1時間以上の勉強習慣をつけましょう」

このようなことがよく言われますが、子どもの成長を願うなら、まったく逆効果の目標です。小学校のうちから一日1時間「以上」も勉強していると、中学生高校生になったとき、しなければいけない勉強量は増えるので、どんなに時間があっても足りなくなります。子どものころから身につけるべきなのは、むしろ1時間「以内」で成果を上げる勉強方法の方です。

日本では今、残業をせずに労働時間を減らそうという「働き方改革」が叫ばれていますが、なかなか実行されない元凶は、子どものころから植えつけられた「一日1時間以上の勉強習慣」という誤った美徳です。

時間をかければそれだけ成果が上がるわけではないのです。苦しい時間を過ごすことは努力ではありません。目的に向かって一歩ずつ進むことが努力です。

一日1時間勉強しても、目標に向かう努力をしなければ何も身につきません。「夜6時から夜7時は勉強の時間！」と決めたところで、子どもは8時になるまでダラダラするだけです。

会社でも、終業時間を夜7時までと決めると、できる人はちょうど夜7時に仕事が終わるようダラダラします。仕事があまりできない人は夜7時を超えて残業することになりますが、仕事ができないと怒られるどころか残業代というご褒美までもらえます。

日本の社会で「一日10時間以上働く人が一人前だ」というように思われるのは、小さなころから「一日1時間以上勉強する子がいい子である」と教えこまれてきたからです。

ですので、**勉強量を目標にするときは「時間」ではなく「ページ数」や「問題数」**を目標にしてください。

「算数を1時間勉強する」のではなくて「算数ドリルを3ページ解く」というのが正しい目標です。

もし、3ページを15分で終えたら、今日の目標は完了です。残りの45分間余裕があるので、さらに算数ドリルを進めてもいいですし、理科の勉強をしてもマンガを読む時間にしてもいいです。

逆に思ったよりもてこずって、2時間ぐらいかかってしまうこともあるかもしれません。そのときはしょうがないから2時間がんばります。しかし、時間がかかりすぎたと思ったなら何かしらの改善策を考えるべきでしょう。ドリルが難しすぎるのか？　もっと少ない時間でできる計算方法はないのか？　それとも反復練習すれば速くなるのか？

そうした改善策を打って効率化していくことが本当の努力です。

〔間違い２〕偏差値を目標にすること

一般的に、数値目標というのは具体的で行動につなげやすいので、よい目標だと言われます。私も、テストの点数や通知表の評価を目標にすることを勧めています。

しかし、**偏差値だけは目標にしない**でください。

その理由は、以前説明したように「偏差値を目標にしていると志望校に落ちる」からです。入学試験で偏差値を聞く学校は、一つもありません。

偏差値を出すときは何かしらの模擬試験を受けることになりますが、その模擬試験の問題と実際の試験の問題は別物です。模擬試験でどれだけバッティング練習をして上達しても、実際の試験がサッカーであれば意味がないのです。

公立高校入試向けの模擬試験など、模擬試験の問題と実際の試験の問題が近ければある程度は参考にできます。しかしその場合でも、偏差値ではなくて素点（試験の点数）を目標にした方がいいでしょう。

なぜなら、実際の合否判定は「内申点＋国語の点数＋数学の点数＋英語の点数」のように試験の点数の合計で決まります。「国語の偏差値＋数学の偏差値＋英語の偏差値」のように偏差値の合計では決まりません。

素点の方が正確に合否判定に直結するのに、わざわざ不正確な偏差値を目標にする必要があるのでしょうか。


一応、偏差値の肩を持つと、学校の先生や塾の先生が進路指導するのには便利なツールです。

「この学校だと、偏差値50だと合格確率30％で偏差値65だと合格確率80％」と統計的な数字が出ていれば、これはそれなりに正確です。偏差値65の生徒が１００人受験すれば合格者は80人ぐらいになるのでしょう。

しかし、受験生やその家族にとっては「どうやってその30％に入るのか？　どうやってその80％に入るのか？」という方がはるかに重要で、その答えは結局「入学試験で○点を取る」ということに落ち着くのです。


〔間違い３〕クラスでの順位、学年での順位を目標にすることクラス順位、学年順位も数値目標としてよく出てくるのですが、あまりお勧めしません。順位を目標にすることの最大の問題点は、直接順位を上げる方法がないということです。

順位は点数で決まるので、結局は点数が目標になります。自分の点数を無視してクラス順位を上げるには「クラスの友達の邪魔をする」などの方法しかありません。

もちろん、順位を目標とすることで競争心に燃えてモチベーションが上がってくればそれはそれでいいのですが、いつかは「絶対に勝てない壁」に出会うと思います。小学校でトップになっても、中学校に行けば自分よりできる子はいますし、その子に勝っても高校に行ったら、もっと上の子がゴロゴロいるのは間違いありません。

そして、たとえ頂点を極めたとしても特にメリットはないのです。センター試験で全国1位を取っても表彰すらされませんから。

勉強や受験に関してよくある誤解は、勉強や受験が「競争ゲーム」であるという誤解です。自分の順位が上がれば誰かの順位が下る、自分が受かれば誰かが落ちる。だから競争だという考え方です。

合格の枠が数人であればこの考え方も間違っていないのですが、実際の合格枠というのはだいたい数百人あり、東大に至っては３０００人以上です。この合格枠のボリュームに比べて、順位が一つ二つ動いても大した意味はありません。
競争して苦労してライバルの順位を抜いたとしても、せいぜい順位が10位ぐらい上がっただけでしょう。それよりは、そんなライバルがいたら情報やノウハウを交換して二人で順位を100位上げることを考えた方がよほど効率的です。

勉強や受験は、本当は「協力ゲーム」なのです。クラスでいちばん成績がいい子がいたら、その子に勝とうとするよりも、勉強のコツを聞いた方がはるかに成果につながります。

〈間違い4〉あいまいな目標を立てること

「成績を上げる」「がんばって勉強する」というような目標は、あいまいで何をすれば達成できるのかわかりません。達成できたのかどうかもよくわかりません。結果的に、達成できなくなります。**目標は具体的なほど、明確なほど強力**です。

あいまいな目標を立てがちな人は、失敗が怖いのだと思います。「90点を取るぞ！」と目標を立てたのに89点しか取れないと、達成できなかったことがはっきりわかってしまいますから。

こういうときは、自分の感情に正直になってください。89点でも嬉しかったら、それは目標を達成しているのです。89点で悔しかったら、やっぱり何としても90点を取りたかったのです。仮に目標通りにならなかったからといって困ることはありません。**自分の心の中にある目標がより明確になる**だけなのです。

〔間違い5〕期限を決めない目標を立てること

「テストで90点を取る」という目標にしろ「通知表で5を取る」という目標にしろ、何学期の目標なのかを決めないと何も行動できません。2学期の通知表で5を取るためにすることと、3学期の通知表で5を取るためにすることは全然違います。

勉強の場合、ほとんどの場合「次のテスト」「次の通知表」で問題ないでしょう。子どもの時間の流れは速いので、短期間で達成できる目標の方が燃えてきます。

いかがでしょうか？　ただしどんな目標も、大前提は「子ども自身で決めた目標」であることです。

それも、感情が乗っていて達成したら子ども自身が嬉しい目標であることが重要です。

子どもの目標は親がコントロールするのではなく、子どもの主体性を大切にすることが進

んで勉強する子を育てる鍵なのです。

□すぐに褒める。こまめに褒める。いちいち褒める。

叱って育てても褒めて育てても、結局は「人の顔色を窺って生きる人」に育ってしまう危険性があります。と言っても、叱るよりは褒める方が有用な点が多く、褒めた方がお父さんお母さんの気分も明るくなります。

では、子どもを褒めるとしたら、どのような褒め方が効果的なのでしょうか？

完璧な正解はありません。やる気のスイッチは全員違いますし、褒める方であるお父さんお母さんのキャラも人それぞれです。無理にキャラを変えて褒めようとしても嘘くさくなるだけです。

しかし、子どものやる気のスイッチは人それぞれバラバラですが、確かな傾向はあります。何度も言ったように、子どもが小さいほど時間の流れ方が速いということです。ということは、子どもが小さいほど時間軸の視野が短いのです。

子どもを褒めるときの合言葉を三つ紹介しましょう。それは

・すぐに褒める
・こまめに褒める
・いちいち褒める

この三つです。褒め上手な大人は、子どもの時間軸に合わせて褒めてあげます。

「ドリルを1問やったの!?　すごい！」
「机についてノートを開いてる！　嬉しい！」
「今日学校に行ったの!?　偉い!!」

ほんの少しでも褒めるべきところを見つけたら、即、その場で褒めるのです。

本当は「成績が上がった」とかもう少し大きなことを成し遂げたときにこそ褒めたいでしょうが、人間の性質上、後から褒められてもあまり嬉しくありません。成績が上がった直接的な理由は1週間前のテストの点がよかったせいで、なぜ点がよかったかというとその1週間前のテスト勉強が成果につながったからでしょうが、2週間前の努力を褒められて

も理解できません。2週間前の出来事と、褒められて嬉しい今の感情を結びつけるのは人間の脳には難しいことなのです。

大人の脳ですら、2週間前の勉強と今日褒められたことを結びつけるのは難しいのです。時間の流れが速い子どもではなおのこと。5倍換算で10週間、テスト勉強をしたのは2カ月以上前のことになります。2カ月以上前のことを褒められても意味がわかりませんよね？

また、いちいち褒めることで「こんなレベルの低いことで満足してもらいたくない」と思うかもしれません。確かにその通り、いつまでも「ドリルを1問やった」ぐらいで満足していてもらっては困ります。

重要なのは、**子どもの成長段階に合わせて褒める**ことです。年齢的に小さいほど、学力が未熟なほどこのように

・すぐに褒める
・こまめに褒める
・いちいち褒める

ことが効果的です。極端な話、中学生ぐらいになっても学力が未熟で、まったく勉強しないならば、

「ドリルを1問やったの⁉　すごい！」
「机についてノートを開いてる！　嬉しい！」
「今日学校に行ったの⁉　偉い‼」

というノリでじゅうぶんです。

しかし、だんだんと子どもは成長していきます。年齢的に幼くても、大人びて勉強がよくできる子もいるでしょう。そうなると、いちいち褒めていると**「こんなことで褒めて、俺のことバカにしてるの？」**と返すようになります。

そう言ってきたら、これが子どもの成長です。

喜びましょう！

もう一つ、褒めるうえで忘れてはならないことは「失敗したときにこそ褒める」ということです。

答え合わせをして×がたくさんついたり、テストの点が悪かったりすると普通は気分がいいものではありません。間違えた問題や点が悪いテストなど二度と見たくないと思ってしまいます。

けれど、本当は**×がついた問題にこそ、改善のチャンスが眠っています。勉強の効率化とは、このチャンスを生かすことです。**

問題集に手をつけないよりは、問題集をやって×がついた方がはるかに生産的です。少なくとも、「どこがわからないのか」がわかりました(勉強のできない子の悩みの大部分は、「どこがわからないのかわからない」ということです)。むしろ、全部○であれば問題集をやらなくてもよかったわけで、○より×の方が価値があるとさえ言えます。

これは当たり前のことなのですが、いざ実際に×がたくさんついた答案を見ると心が萎えるもの。

ここで「なんでこんな問題もできないの！」と叱っては子どもがさらに萎えてしまいます。

「たくさん勉強したね！」

「いい問題にチャレンジしたなぁ」

と褒めることこそ、親の仕事です。

失敗を恐れるようになると、そもそも行動することを避けるようになります。失敗しそうなことは最初からやらないのが安全だという考え方です。それでは、人間は成長しませんし、大きなことを成し遂げることもないでしょう。

親が子どもを褒めるという行為は、別に子どもをコントロールするためにやっているのではないはずです。**褒めたくなるのは、子どもへの愛情表現**ですよね。

愛情が欲しくなるのは、誰でも失敗したり気分が落ち込んだりしたときだと思います。

そんなときにすかさず愛情を表現してあげるのが親子の愛情ではないでしょうか。

子どもを褒めるときの合言葉、

・すぐに褒める
・こまめに褒める
・いちいち褒める

忘れてはならない、褒めるべきタイミング、

「失敗したときにこそ褒める」

どれも簡単なことだと思います。この**簡単な親の行動が、難しいことにも進んで行動する子どもを育てる**のです。

□ご褒美作戦の効果が薄い理由

「2学期の成績が上がったらお小遣いアップしてあげるからね！」

子どもに勉強してもらいたいときに時々登場するのがご褒美作戦です。

物やお金で釣るのはいけないような気がするけど、とりあえず子どもはやる気を出すようだし……。という理由でこのご褒美作戦を使う親は多いようです。

果たしてお金や物で釣るご褒美作戦は道徳的に正しいのでしょうか？　また、実際の効果はどれくらいあるのでしょうか？

私個人としては、ご褒美として物やお金を渡すのは別に悪いことではないと考えています。しかし、成績アップや受験合格の手段としては「効果が弱い」と言わざるをえません。

最大の理由は、「親が目標を決める」ことになるからです。

ご褒美作戦は、親が期待する目標を達成するとご褒美がもらえるというシステムなので、子どもが自分で達成したい目標とは関係なく目標が設定されてしまいます。

子どもが「国語の勉強をしたいなぁ」と思っているのに「算数が弱点だから算数を補強しなさい。目標は80点です！」と外から目標を設定されてしまうと、これはモチベーションにつながりません。この時点では、算数で80点を取ってもそんなに嬉しくないからです。

ご褒美としてお小遣いがアップすれば、それはそれで嬉しいので短期的には頑張るかもしれませんが、お小遣いを手に入れてしまえばそれで終わり。次の勉強のためにはまた新たなご褒美が必要になります。これを繰り返していくと「〇〇中学に合格したら自転車を買ってあげるからね！」という風になるのですが、これが作戦として成功したとしても、その子にとって「〇〇中学に合格すること」は自転車と同じ価値ということになります。

果たして、この先の学校生活でモチベーションを維持できるのでしょうか？　何か学校でつらいことがあったとき、自転車1台分の価値しかない学校生活を続ける理由はあるのだろうか……と不登校の原因にすらなってしまうかもしれません。

人から与えられた目標では、自分で責任を持つことができません。

それでは、子ども自身に目標を決めさせ、それが達成できたらご褒美をあげるというシステムにしたらどうでしょうか？

これでも成績アップには効果が弱いです。

なぜなら、ご褒美をもらいたいので、**本来自分が達成したい目標よりも低い目標を設定してしまう**からです。

本当は90点を取りたいのに「確実にご褒美がもらえる70点を目標にしようかな……」と低めの目標を設定してしまうと、成績アップには逆効果です。

ある塾で生徒を見ていたとき、その塾では「宿題の量は自分で決め、目標量の2倍以上の宿題をやってきたらスタンプをあげる」というシステムでした。生徒の自主性を重んじるいいシステムではあるのですが、とある作戦を使って毎回スタンプをもらう子がいました。

あえて自分ができそうな量の半分に目標を設定し、その2倍の量をやってくる作戦です。生徒としてはスタンプがたくさんもらえる合理的な作戦なのですが、わざわざ低い目標を立ててしまうのはいただけません。

どうしてもご褒美をあげたいのなら、オススメは「後出しサプライズ」で与えることです。

事前に約束はせず、たとえば2学期の成績が上がったらサプライズでご褒美を与えます。これなら、「ご褒美のためにしか勉強しない」ということにはなりません。自分の目標のために勉強したら、ついでにご褒美がついてきたのです。

サプライズといっても、事前の計画などは必要ありません。ご褒美をあげたい！　と思ったときにあげればいいだけです。

成績が上がった！　テストでよい点を取った！　志望校に合格した！

そんな、**褒めてあげたいとき、お祝いしてあげたいときには素直にお祝いしてあげればいい**のです。

ただ、子どもが勉強しない理由のほとんどは、目標に対してモチベーションが沸かないというより「テストで90点を取るには何をしたらいいかわからない」というように、やり方がわからないからという問題です。

いかにして目標に対してやる気を出させるか？　と考えるよりも、何をすれば目標に対して近づくのか、その目標のブレイクダウンを手伝ってあげた方が勉強はどんどん進むでしょう。

ご褒美は、子どもをコントロールする手段ではなくて子どもへの愛情表現なのです。

□先生が嫌いという目標
先生が好きという目標

不思議なことに、人間は必ず目標に向かって動きます。そして必ずその目標にたどり着きます。

ダイエットを目標にしているのに全然痩せられない人には信じられないかもしれませんが、なぜか目標にたどり着けないのは無意識に他の目標を見ているからです。たとえば「美味しいものをたくさん食べたい」というような目標です。

私はウインドサーフィンをしていると実感するのですが、この乗り物は必ず「見ている方向」に進みます。

海でウインドサーフィンをしていると、前方で沈《ちん》（ヨットやウインドサーフィンが転覆すること）している人や、定置網などの障害物を見かけることがあります。

もちろん、接触すると危ないので近づきたくありません。しかし、近づきたくないと思ってその障害物を凝視していると、不思議なことに吸い込まれるように障害物に向かって接近していってしまうのです。

障害物を避けたければ、障害物でなくてクリアな進路を見なければいけません。正しい進行方向を見ていれば、ウインドサーフィンはちゃんとその方向に進んでくれます。

なので初心者にウインドサーフィンを教えるとき、必ず「進行方向を見て！」と言うのですが、何度言っても、多くの人は無意識に手元や足元を見てしまいます。そうすると、前に進むことができずバランスを崩して、沈してしまうのです。

成績を上げたいと思っているのに成績が上がらない、勉強したいと思っているのに勉強する気にならないという場合は、このウインドサーフィンと同じように、無意識で別の目標を見ている可能性があります。

小学校高学年から中学生ぐらいの子どもにありがちな**無意識の目標に「先生が嫌い」**というものがあります。

この時期になると、子どもは両親の一部分であることをやめて自我が成長してきます。「他の誰でもない、特別な自分」というものを大切に考えだすのです。

ただし同時に、特別な自分であるにもかかわらず、何かをするには力が足りないという現実にも直面します。ここで葛藤が生まれます。世界を救うスーパーヒーローになりたいのだけど、仮面ライダーに変身はできないという現実です。

なので、この時期、なんとか特別で有能な存在であろうと背伸びをしたくなります。でも、実際に何かを成し遂げるにはまだ体力や実力が伴っていないので、親や学校に反抗することで自分の特別さを証明しようとします。「反抗期」とか「中二病」と呼ばれる時期です。

この**反抗期や中二病の一環で、「先生が嫌い」という目標が生まれることがあります。**

この目標を持った生徒に「なんで勉強しないの？」と聞くと

「だって授業がつまらないし」
「先生の話が面白くないんだもん」

というように、自分の成績や勉強を先生のせいにします。

勉強とは、知識の暗記ではありません。相手が伝えたいことをわかってあげることが勉強です。しかし、「先生が嫌い」という目標を持ってしまうと、先生の伝えたいことをわかってあげることはできません。相手のことをわかってあげると、相手が正しく自分が間違っている気がしてしまいます。

戦争中の国が戦争を止められないのと同じです。本当は、話し合ってわかり合えば落とし所を探ることができるのですが、相手の国の言い分を聞くだけで、自分の正しさが否定されたような気になるので話し合いすらできません。

「先生の伝えたいことを理解したら負けだ」と思ってしまうので、当然勉強の内容を理解することができません。

成績が上がっても自分の負けです。先生の正しさが証明されてしまうからです。

このように、「先生が嫌い」という目標が設定されてしまうと、この目標に向かって動いてしまい、勉強もしないし成績も上がらないということになってしまいます。

この場合は、ちゃんと成績や合格を目標に設定し直す必要があります。別に、先生を好きになれとか先生の言うことを聞けと言っているのではないです。

「先生の伝えたいことをわかってあげる」だけでいいのです。**相手を理解することは自分の敗北ではありません。**

さて、「先生が嫌い」という目標を持ってしまうと勉強や成績に悪影響が出る、というのはわかりやすい話だと思います。

しかし、困ったことに逆のパターンも存在します。

「先生が好き」という目標です。この目標を持っても、授業を受けなくなったり成績が悪くなったりすることがあるのです。

普通に考えると、先生が好きならがんばって勉強して成績が上がる方向に働くと思いますよね？　ところが、学校の事情では逆になることが多いのです。

一般的に学校の先生は、クラスの40人どころか学年の２００人〜４００人の相手をしています。なるべく公平に生徒一人ひとりをしっかり見て指導をしたいのですが、現実はそれを許しません。一年間で４００人を相手にするのですから、一人あたりに使える時間は一年間に半日もないのです。

どうやっても全員の面倒をしっかりと見る時間はないのですから、接する生徒は偏ります。どんな生徒に偏るかというと、

・授業中に騒いでなかなか席に着かない生徒
・勉強についてこられないで落ちこぼれそうな生徒
・家から引っ張って連れてこないと学校に来ない生徒

つまり、「問題児」たちです。真面目に授業を受け、自分でちゃんと勉強し、成績がよい

生徒なら放っておいても問題ないので、結果後回しにされてしまいます。

つまり、先生に構ってもらいたいなら、優等生でなくて問題児になった方がいいのです。「先生が好き」という子どもがこれに気づくと、無意識で成績を落としたり問題行動を起こして注意を引こうとします。

もしもこのような目標を持っていたら、実は家庭で構って欲しいというサインかもしれません。

□教材を箱にしまうと成績が上がる⁉

「やる気が出る○○式ドリル」

「勉強習慣が身につく○○の通信教育」

「支持率ナンバーワンの実力アップ問題集」

教育熱心な家庭のために、様々な教材が販売されています。塾からも教材をたくさん持って帰ってきますし、学校で使っている副教材もあります。いったいどれを選べばいいのでしょうか？　どのようなスケジュールでこなせばよいのでしょうか？

この質問の答えはシンプルです。

実は、お父さんお母さんには、**教材探しやスケジューリングより大切な仕事があります。それは、教材の数を「減らして」あげること**です。

いちばん必要な教材一つだけを選び、「他のはとりあえずやらなくていいよ」と言ってあげましょう。

本棚に教材がたくさん並んでいると何だか安心しますが、勉強の効果としては「教材の数」は役に立ちません。**たくさんの教材は、勉強効率を落とす方向に働きます。二つの教材をやるのならば、一つの教材を2回やった方が間違いなく成果が上がります。**

教材を1回やっただけで内容を身につけることのできる人はほとんどいません。必ず反復が必要になります。けれども、たくさんの教材を見ると次々に先に進まないといけない気がするので、1回しかやらずに次の教材に移ります。そうなると、どれも中途半端になり時間だけかかるわりには、何も定着しないということになるのです。

断言しますが、もしも目標が学校の成績を上げることだけであれば、教材は「学校で使っているもの」以外は一切必要ありません。これは小学校でも中学校でも高校になっても間違いないことです。もし学校の成績を上げたいのであれば、学校の教材以外はダンボール箱の中にしまって封印してください。

学校で使っている教材とは、学校で使っている教科書、学校で使っているノート、学校で使っている授業プリント、学校で使っている副教材のことです。教科書や副教材を買ったけど学校で使っていない場合は、これらも不要です。

このように**教材を絞るだけで、間違いなく学校の成績はアップ**します。

成績を上げようと教材を増やすから、成績は上がらないのです。

受験を目標とする場合にはそのための教材が必要です。しかしそれでも、**理想は1科目につき1冊に収めること**です。その1冊を最低2回やることを目指し、余裕があったら他の教材に手を出してもよいでしょう。

ただ、どの1冊を選べばいいかは、目標とする学校によって変わってくるので答えが簡単には決まりません。どの1冊を選べばいいか迷いますが、ここで間違いなく**最高の1冊を選ぶ方法は、「目標の学校に合格した人に聞く」こと**です。間違っても、不合格だった人には聞かないでくださいね。

実際にその学校に合格した先輩に「どの教材がいちばん役に立った？」と聞いてみましょ

う。惜しみなく、教えてくれるはずです。

もしかして、「やっぱり教科書だね」など、意外な答えが返ってくるかもしれません。身近に合格者がいない場合は、情報収集の面で不利な状況にいるのは否めません。塾や学校を上手に使って、なんとか合格者に巡り会いたいところです。


理想は各科目1冊に絞りたいとはいえ、なかなかそうはならないことはあります。しかしその場合でも、可能な限り教材を減らしていきましょう。

たとえば、「基礎・応用・発展」や「ホップ・ステップ・ジャンプ」のように難易度が3段階になっている教材があります。

一見、基礎からはじめて応用、発展と順番にこなしていくのがこの教材の正しい使い方のように見えます。

ところが、このような3段階構成の教材を最初から最後まで全部こなせる生徒にはほとんど出会ったことがありません。まれにいるとして、その子は最初から「発展」をやってもできてしまうような非常に優秀な子です。

このような場合は、「基礎」も「応用」もやる必要がなかったので時間を無駄にしてしまったことになります。「基礎」はじゅうぶん理解しているので、これを飛ばして「応用・発展」だけやるべき子もいるでしょう。

そもそも自分の目標に照らし合わせて「発展」が必要ない場合も多いです。「応用」まででれればじゅうぶん合格ラインに届くのなら「発展」をやる必要はありません。

最終的に「発展」が必要だとしても、「基礎」の次に「応用」を経なければいけないかというとこれも確実ではありません。

水泳を習うとき、普通はバタ足→クロール→バタフライという順番で習いますが、バタフライの選手になりたいのであれば特にクロールを練習しなくてもよいわけです。

結果的に、ほとんどの人が

「基礎」だけ
「応用」だけ
「発展」だけ
「基礎→応用」
「応用→発展」
「基礎→発展」

いずれかのパターンで学習するのがベストということになり、三つの教材をやる必要がありません。この、**教材を三つから二つに減らすことが目標達成につながります。**

もしどうしても**教材を減らせないとするなら、それは目標があいまいなのか目標がたくさんありすぎるのかもしれません。**

「受ける学校が決まってないけど、とりあえず受験対策をしたい！」というような場合、「ではとりあえず、基礎固めをしながら公立対策と私立対策を進めましょうか」ということになります。

これで合格するのは、不可能ではありませんが難易度が跳ね上がります。

「種目は決まってないけど全国大会に出たい！」と言っているのと同じです。

「ではとりあえず、水泳で基礎体力をつけながらバスケの練習とバレーの練習をしましょうか」と練習をはじめても、普通の人がこの3種目を同時に身につけられるとは思えません。どの種目をやりたいのか決めるのが先です。

勉強の効率アップとは、「集中力を上げてたくさん勉強しなさい」という意味ではありません。**不必要なことをやらないことが効率アップ**です。結果的に、空いた時間が生まれます。その空いた時間でさらに勉強するもよし、他のことをするもよし。

教材の数を減らすことで勉強効率が上がるのです。

□東大生の不思議な分布

ここまで、楽しく効率的な勉強方法とは何かについて話してきましたが、一般的ではない考え方も含まれているので「そんな方法はうちの子には合わないぞ！」と思う方もいるかもしれません。

実は、それは正解です。

誰一人として同じ子どもはいません。ですから、最終的には子ども自身の個性に合っているのが最上の勉強スタイルです。

「東大生おすすめの勉強方法」というような特集には、いろいろなことが書いてあります。「目標は高い方がいい」「目標は現実的な方がいい」「単語カードはいつも持ち歩く」「単語カードは使わない」「英語を最優先させる」「数学がいちばん大事」「参考書はきれいに使う」「参考書が真っ黒になるまで書き込む」

いろいろなことが書いてあって困りますし、時には正反対のことが書いてあります。どれを参考にすればよいのでしょう？

東大に行ってわかったことは、実際の東大生の勉強方法は人それぞれだということです。**東大生に共通の勉強方法があるとすれば、それは「自分に合った勉強スタイルを選んできた」ということです。**

どういうことか、そのエピソードを紹介しましょう。

東大の理一に入った夏学期にスポーツの授業がありました。その最初の授業は「体力測定をして、統計情報をまとめる」というものでした。

幅跳びや50メートル走をみんなで測定して、クラス全員の記録を統計やグラフにまとめるのです。そこでクラスの平均と自分の記録を比べたりするわけですが、私は妙に自分の記録がよいことに気がつきました。

私は今でこそマリンスポーツを教えたりしていますが、高校ぐらいまではスポーツが苦手で、こういう記録測定をすると、だいたい中の下ぐらいの記録を出すことがほとんどでした。しかし、今回はずいぶんと上位にいます。

「さすが東大の理一。スポーツができないガリ勉ばかりが集まっているのか！」と思ったのですが、クラスの記録をグラフにしてみると、もっと興味深い事実が明らかになったのです。

普通、クラスでスポーツの記録を集計すると平均値付近に人がたくさん集まります。真ん中ぐらいの人がいちばん多くて、すごくいい人や、すごく悪い人は少数派だからです。グラフにすると中央がいちばん盛り上がっていて山のようになり、左右に行くほどだんだんと低く裾が広がっていきます。正規分布とかベル・カーブと呼ばれる分布です。

しかし、東大理一の分布では、普通はいちばん高くなるはずの真ん中が、見事に凹んでいたのです！

不思議なことに、平均値付近の記録を出す人が少数派だったということです。

実は、このグラフは二つの山の重ね合わせになっていました。右側の記録がよい方に一つ山があって、左側の記録が悪い方にも山があります。二つの山の間は、平均値なのですが、谷になっているのです。

私の記録は、見事に右の山の中腹、ちょうど中の下あたりに位置していました。

どういうことかというと、この右の山が「普通だけど要領よく受験対策をして合格した人たち」の山で、左の山が「スポーツもせずにガリ勉に打ち込んだ人たち」の山だったのです。

東大の理一はスポーツのできないガリ勉ばかりだというステレオタイプは、半分は正しく、半分は間違っていることがわかりました。ステレオタイプに当てはまる東大生は、本当に半分だったのです。

私自身は時間をかけるガリ勉は嫌いで、可能な限り要領よく成果を得ることを目指すべきだと考えています。しかし、ガリ勉が好きなら別にガリ勉しても構いません。実際に東大に行ってみると、確かに半分はガリ勉して東大に入った人たちで、残りの半分は普通だけど要領よく成果を出した人たちでした。

どちらを選ぶかはあなた次第、子ども次第です。好きな方、合っている方を選べばいいわけです。さらに細かく見ていけば2パターンに分かれるわけでもなく、全員が全員違うスタイルを持っています。

「いい先生に教えてもらっているのに結果が出ない」「みんな違うことを言うので、誰のことを信じていいのかわからない」と思ったとき、**最後は、自分の個性にあったスタイルを選ぶ**のが成功の秘訣だということです。

第5章

「勉強」の本質

子どもに手にしてもらいたい自立と自由

□学歴で手に入るのは、成功でも安定でもなく自由と可能性

「何のために勉強をするの？」

子どもにこう聞かれたら、なんと答えるでしょうか。

なかなかに答えにくい質問です。明確に子どもを納得させることができる答えを持っている人はあまりいません。あなたはどう答えるでしょうか？

まず、この質問が出てくる背景を考えてみましょう。この質問が出てくるのは中学生ぐらいからが多いです。勉強嫌いが急激に増えはじめるのも中学生からです。

というのも、**小学校で勉強することは実生活に直接役立つことが多く必要性もわかりやすい**からです。

たとえば小学校の算数では時計の読み方を習いますが、これがわからないと待ち合わせもできません。「30分後に集合ね！」と言われたとき、時計の読み方と時間の計算ができないと困ってしまいます。

ところが、中学校で習う２次方程式を実生活で使っている人はまずいません。必要性が非常にわかりにくいです。生きるのに必要な知識には感じられないのです。

国語の時間にしても、漢字が読めないと買い物することも旅行に行くことも難しいので、小学校の漢字の練習は必要性が理解できます。しかし、中学校で出てくる古文の係り結びなんて、絶対使わないし、街中で見かけることはありません。なぜ勉強しないといけないのでしょう？

小学生の間は、まだ勉強する意味がわかります。そして、勉強すればするほどできることが増えて力になることも実感できます。ところが、中学生以上になると「勉強したことは役に立つ」「勉強するとできることが増える」というセリフは正しくありません。嘘になってしまうのです。

では、**勉強とは直接生活の役に立つわけではないので、将来いい大学に入って、いい会社に入って安定した生活を送るための準備なのでしょうか？**

これも、正しいとは言い難い理論です。

「いい学校に行って、いい会社に就職しなさい！」とは日本では使い古されたフレーズですが、いい会社に入れば一生が保証されているというのは間違いです。

バブル経済が崩壊し、山一證券が破綻して以降、誰もが知る名門企業が潰れることは珍しくなくなりました。年功序列も終身雇用も過去のものになりました。会社が潰れなくても人員削減でリストラされる可能性はあります。会社が順調でも給料が順調に上がるとは限りません。正社員でも40代で管理職になれる人は3割以下になるだろうと言われています。公務員になっても、郵便局のように民営化されるかもしれません。

学生を採用する企業も、学歴が仕事の実力と結びつかないことはよくわかっています。学歴がある社会人も学歴がない社会人も断言します。

「学歴と関係なく、仕事ができるやつはできるし、できないやつはできない」

勉強しても、仕事ができる社会人にはなりません。

そもそも、大企業や公務員で安定した生活を送ることは成功や幸せなのでしょうか？

これには、人それぞれの価値観があります。

大企業に勤めれば、夜中まで働いて会社の命令でどこへでも転勤する生活だとしても成功だと考える人はいます。年収４００万円ぐらいの高給ではない収入でも安定していれば幸せだと感じる人はいます。

逆に、自分の好きなこと、やりたいことを仕事にすることこそが成功だと感じる人もいます。起業して大成功した人の中には、中卒や高卒の社長もたくさんいます。

結局のところ、**学歴があっても人生の安定は保証されません。反対に学歴がなくても大成功することはできます。**

勉強しても生活の役に立つわけではない。成功するわけでもない。安定が保証されるわけでもない。

それでは、なんのために勉強するのでしょう?

勉強して手に入るものは、「成功」でも「安定」でもありません。手に入るものは、「自由」と「可能性」です。

子どものころから明確な夢を持っていて、それに向かって進み続けている人にとっては、学校の勉強はいらないことが多いし学歴は不要です。

寿司職人を目指しているのなら、憶えるべきは平治の乱が何年かということではなくて、どこの海でどんな魚が捕れるかということでしょう。大学に進んでも、まな板の洗い方や包丁の入れ方は教えてもらえません。

しかし、**この複雑な社会で「自分が何をすべきなのか」はっきりとわかり出すのはもっと大人になってから**です。世の中にどんな職業の人がいてどんな仕事をしているのか、子どもの眼に映るのは社会のほんの一部です。

たとえば、企業に融資をする銀行員という職業がありますが、ほとんどの子どもは会ったことがありませんし、社会での必要性もわかりません。そんな職業があるとわかるのは、就職活動をはじめてからです。就職活動をはじめてようやく「おお！　これは社会の役に立つ素晴らしい職業だ！　銀行に就職しよう！」というようなことを考えはじめます。そしてこのときになってはじめて、学歴が可能性を縛っていることを実感します。

企業が採用に関して学歴を重視すると公言することは少ないです。「学歴不問」「実力重視」と公言する企業もあります。もちろん、学歴と実際の仕事能力が関係ないことは百も承知だからです。

学歴があってもできないやつはできないし、学歴がなくてもできるやつはできることは間違いありません。そして実際、東大、京大、早稲田、慶應のような有名大学からたくさん採用するような企業であっても、ある程度何人かは他の大学やランクが下の大学から採用します。有名大学卒だからといって採用が決まることはまれですし、ランクが下の大学卒だから即不採用になるわけではありません。

しかし、いざ就職活動をはじめるとこんなことが起こります。

銀行に就職を志したＡ君、ネットの就活サイトから会社説明会に申し込もうとしました。すると満席の表示になっています。「なんと、もう満席なのか。仕方ないなぁ」とあきらめます。

ところが次の日、慶應義塾大学在学中の友達Ｂ君に出会うとこんなことを言います。
「あれ、その銀行の会社説明会なら今日申し込んだよ」

そう、所属する大学によって、会社説明会に申し込めたり申し込めなかったりするのです。実際の就活サイトの仕組みとしては、「説明会の定員５００名のうち、有名大学４００名、その他１００名」というように枠が決まっていて、「その他」枠はいっぱいになったけど「有名大学」枠はまだ空いているというようなことが起こります。

これは企業に学歴信仰があるからでも、大学差別をしているからでもありません。無名大学卒でも優秀な人材がいる可能性は知っています。だから「その他」枠もあります。しかし、説明会の会場は５００人しか入らないのに５０００人の応募があるときはどうにかして選別しないといけません。だから就活サイトにはこのような機能がついています。

どのくらいの割合の企業がこの機能を使っているかはわかりませんが、どの就活サイトにも標準装備されている機能なので、需要はあるのでしょう。

結果、Ａ君はこの銀行に応募できませんでした。

これは、いいとか悪いとかという話ではありません。もしかしてA君の方が、B君よりも熱意と能力があって、この銀行に入社したら大活躍した可能性もあります。そうだったとしたらこの銀行にとっては大きな損失ですが、その損失がある可能性を承知の上で企業はこの機能を使っています。

A君にとっても、銀行に就職できなかったので他の道に進み、その道で大成功するかもしれません。だからこの結果はいいか悪いかはわかりません。

ただ、やろうと思ったことが「会社説明会が満席だった」という非常につまらない理由でできなかったということです。

子どもは、真面目に学校に通ったり勉強をがんばったりすることを「束縛されること」「自由を奪われること」「支配されること」「管理されること」と捉えがちです。小学生のころはまだ、勉強することがそのまま自分の力になりました。しかし、中学生ぐらいになると直接生活に役に立たないことばかり勉強するので、無意味な束縛に感じます。学校や塾に通えば通うほど、親の言うことを聞けば聞くほど、自分は不自由になっていくように感じるのです。

だから、親や学校に反発したり「勉強はつまらない」「勉強は面倒くさい」と言い出すことになります。

ところが**実際はこの子どもの感覚とは反対で、反発すればするほど、怠ければ怠けるほど未来は不自由になり、勉強すればするほど、学歴をつければつけるほど自由になる**のが真実です。

尾崎豊の歌では、思春期の子どもが大人たちの支配から卒業したいがために、校舎の窓ガラスを割ったり、自由を求めて盗んだバイクで走り出します。が、本当に校舎の窓ガラスを割ったりバイクを盗んだりすると警察に捕まってしまいます。**自由になろうと反抗するがために、不自由になってしまう**のです。

一見、親や学校の言いなりになるようでも、勉強して学歴をつけた方が、結局は自分のやりたいことの選択肢が広がり、自由な人生を手に入れることができます。

私の場合、東大は出たものの、独立して自分で会社を興すことになったので、企業の学歴フィルタとは最終的には関係ありませんでした。しかしそれでも、この学歴がずいぶんと自分を助けてくれたことを感じます。

ビジネスの社会は「学歴社会」ではありませんが、「実力社会」というのも少し違います。

「実績社会」というのがより正確です。

その人がどんなことをしそうかではなく、何をしてきたかが評価されます。会社員の場合は、会社の実績がものを言います。トヨタ自動車は今まで何億台もの自動車を作ってきた実績があるので、トヨタ自動車の社員が「一緒に仕事をしませんか」と言えば、それが新入社員でも「では話ぐらいは聞きましょうか。」ということになります。

しかし、20代の何の実績もない若造が「独立しました。一緒に仕事しましょう」と言いだしても、文字通り話にもなりません。これは能力の有無でなくて実績の話です。仮にすごい仕事能力やプレゼンテーションスキルがあったとしても、実績が何もないので仕事の話をするチャンスすらもらえないのです。

独立したての人がハマりやすいのがこの事実です。「こんなすごいアイデアを持って行けば、どんな会社でも引く手あまたに違いない！」と思っても、それを話す場所さえ与えてもらえないのです。

ところが、「東大を出ているのですが、独立しました。一緒に仕事しましょう」と一言加わるだけで、なんだか「そうか、では話ぐらいは聞きましょうか」ということになるのです。

もちろんビジネスの仕方は、東大でも教えてもらってないのですが、ここで**学歴は実績の代わりになりました**。必要最小限の教養を持っていると思われたのか、変なやつだから話ぐらい聞いてやるかと思われたのかわかりませんが、とりあえず仕事の話ぐらいは聞いてもらえ、独立後のビジネスがスムーズに進みました。ここで実績も学歴もなかったら(たとえ能力があったとしても)非常に苦労したのではないかと思います。

子どもが将来どのような道を志すのか、それはわかりません。官僚になるかもしれないし大企業に勤めるかもしれないし、独立するかもしれないし、ユーチューバーになるかもしれないし、寿司職人になるかもしれません。

しかし、自分が進むべき道に気づいたとき、可能性が閉ざされてしまっていることがあります。しかも、会社説明会に行けなかったとか仕事の話を聞いてくれなかったというしょうもない理由で。

勉強することは、パスポートを手に入れるようなものです。このパスポートで、どこにでも好きな場所へ行くことができます。どの企業でも、自分で会社を興すのでも、お菓子屋さんでも、公務員でも、芸能人でも、学者でも。その行った先で何をするかは自由です。パスポートを持った上で、どこへもいかないのもまた自由です。

子どものころから明確な目的地があるのなら、無理してこのパスポートを手に入れる必要はありません。しかし、**本当に行きたい目的地がわかるのは大人になってからということが多く、その行きたい目的地も何度か変わったり複数に増えたりします。**

そのとき、「もっと勉強しておけばよかった」と大人は感じるのです。

もう一度言いますが、**学校で勉強したことは将来あまり役に立ちません。**役に立つこともたまにあるのですが、ほとんど役に立ちません。また、勉強したところで誰も成功や安定を保証してくれません。「勉強したことはこんなに役に立つよ」とか「いい大学に入っていい会社に入るのが幸せだよ」と子どもに伝えると、それは嘘になります。子どもは大人の嘘に敏感ですぐに見破ります。

手に入るのは、勉強することに疑問を感じているような子どもほど、本当は欲している自由と可能性なのです。

□中学受験をどう考えるか？ 中高一貫校に行くと成績が下がるというデータ

子どもが小学校中学年ぐらいになると、中学受験が気になりだします。大手進学塾の中学受験カリキュラムがはじまるのが小3〜4ぐらいからで、どんなに遅くとも小5になったときには対策をはじめていなければならないと言われているからです。

といっても、「絶対にお父さんと同じ学校に通わせたい！」というような進路希望がはっきりしている家庭以外は「うちの子は受験すべきなの？」「受験するとして、どの学校を受けるべきなのか？」「受験対策っていつから何をすればいいの？」と疑問がたくさん湧いてきます。

ここでは、**中学受験の目的とはつまるところ何なのか、学校を選ぶには何を基準にしたらいいのか**を整理していきます。

実は、中学受験には大切なお金と子どもの時間を無駄にしかねない、大きな誤解が潜んでいるのです。

まず、中学受験をするメリットとは何なのでしょうか？

中学受験と一口に言っても、もちろん私立から国公立までいろいろな学校があり、校風も受験の難易度もみんな違います。校風についても、しっかりと受験対策カリキュラムが組まれた面倒見のいい学校もあれば、子どもの自由な意思と努力を尊重して、あまり口を出さない学校もあります。卒業生のほとんどが東大や医学部に進学するような超進学校もあれば、進学実績はそれほどではないけど、他にはない教育方針を掲げる独自性のある学校もあります。

しかし、一般論で言えば、**中学受験のメリットは次のようなもの**だと言われることが多いです。

・地元の中学校に比べて、**優秀な先生と優秀なカリキュラムによる教育**を受けられる
・**優秀で向上心が高い同級生**に囲まれ、互いに切磋琢磨できる
・学校によっては、**大学へエスカレーターで進学できたり、優先入学枠がある**

要するに、「中学受験をすると優秀な先生と優秀な友達が集まっている学校に通えるので、大学進学に有利になる」ということが期待されています。

一方で、**デメリット**として語られるのは次のようなことです。

・**高額な塾**に通わないと合格しない。入学してからの**学費**も高い
・**受験勉強で多くの時間**をとられて大変

収入が低いと家計への負担が大きいですし、子どもも受験勉強の時間が必要ですので、他の習い事やスポーツをする暇がなくなるかもしれません。

普通は、このようなメリットとデメリットを天秤にかけて中学受験をするか決めます。

まとめると**「必要な時間とお金に比べて、どれだけ大学進学に有利になるか？」**ということです。

「隣の○○君より偏差値ランクの高い学校に通わせたい！」という動機で受験を決めることもあるかもしれませんが、さすがにこのパターンは親の虚栄心が出すぎで子どものことをまったく見ていませんね。

その他、「テストの点数による一元的な評価は人間らしくないので、定期テストを実施しない！」というような学校の独特な教育方針に共感して決める場合もあります。このような場合は特に迷いはないでしょう。

中学受験で迷いや悩みが出てくるのは最終的に「中学受験をすると将来的に大学受験に有利そうだけど、お金と時間に見合った意味があるのだろうか」ということだと思います。

一般的には中学受験をすると大学進学に有利になると考えられています。これは当たり前すぎる前提のように語られます。

ところが、なんと**実は「中学受験をすると大学進学に有利になる」というのは当たり前ではない**のです。大学進学のために中学受験をすると大きな間違いを犯す可能性があるのです。どういうことでしょうか？

数年前、中高一貫校の生徒と公立高校の生徒の偏差値を比べたデータが世に出たことがありました。私はこのデータを見て、今までの常識がひっくり返る衝撃を受けました。

そのデータは次のようなものです。（289頁「一貫校の教育効果」参照）

これは駿台の模擬試験で、私立中高一貫校の生徒の平均偏差値から、公立高校の受験生の平均偏差値を引いたデータです。一貫校の受験生の平均偏差値が52・6で公立校の受験生の平均偏差値が48・5であれば、この表では「4・1」と表示されます。

この記事のタイトルは「私立中学受験組と公立組の学力差はどれくらいか」で、中学受験組が学力で優位に立っていることを言いたいという記事でした。「中学受験をした方が学力が高くなるので、進んで中学受験をしましょう！」という趣旨の記事です。

確かに、全体でも成績上位層でも、高1でも高3でも、文系でも理系でも、数学でも英語でも、全教科で中学受験組の偏差値が上回っています。公立組よりも中学受験組の方が学力が高いのは、疑いない事実であることがわかりました。

しかし、私が衝撃を受けたのは別の部分です。

なんと**あらゆる教科で、高1から高3までの間で偏差値の差が縮まっている**のです！

■ 一貫校の教育効果

以下の表は、私立一貫校の受験生の平均偏差値から
公立高校の受験生の平均偏差値を引いたもの

■全　体

	数学	英語	国語
高１	5.0	4.1	2.5
高２	3.9	2.8	1.1
高３文系	3.5	2.2	1.7
高３理系	4.4	2.8	1.2

■成績上位層

	数学	英語	国語
高１	5.7	4.6	4.3
高２	4.9	3.2	1.8
高３文系	4.5	3.5	2.4
高３理系	4.9	2.9	1.1

※成績上位層とは：
高１、高２は偏差値60以上、高３は55以上

出典：2012年6月　プレジデントファミリー「私立中学受験組と公立組の学力差はどれくらいか」
母集団は駿台模試

数学も、英語も、国語も、文系も、理系も、高１と高３を比べるとどこを見ても数字が小さくなっています。つまり、**中学受験組と公立組の差が縮まっている**ということです。このデータを素直に見ると、中学受験組とは元から成績がいい子が集まっているだけであって、公立高校に行った方が成績が伸びる、ということになります。

中学受験をすると優秀な先生と優秀な友達に囲まれて成績が伸びるはずだったのに、その成果がデータに表れていないのです。公立組と比べると、高３までに成績が下がってしまうということになります。

もちろんこれは平均値の話であって、個別の学校や個別の生徒を見ればまた違った見方ができるでしょう。たとえば、私立一貫校と

言っても、そもそも進学や偏差値に重きを置かない学校も含まれています。しかし、全体での比較でなく、基本的に進学に力を入れているはずの成績上位層であっても、やっぱり差が縮まっています。進学校に限って比べたとしてもこの傾向はあると見るべきでしょう。

私も最初は信じられなかったのですが、このデータは私立一貫校を貶めようとしている人が出したものではなく、むしろ中学受験を勧める人が出してきたデータです。それにもかかわらず、私立一貫校の優位性が否定されてしまいました。

このデータだけで「私立一貫校よりも公立校の方が成績が伸びる」と断言するのは早いですが、少なくとも**私立一貫校の「優秀な先生と優秀な友達に囲まれて切磋琢磨するので成績が伸びる」という効果は非常に弱い**ようです。

いろいろな高校の生徒を指導する塾の先生たちに聞いても、やはりいわゆる「公立組の追い上げ」というのは肌で感じることがあるそうです。

中学受験をすると成績が伸びて大学受験が有利になるというのは、当たり前ではありませんでした。

実は他にも、世の中で語られない中学受験のデメリットは存在します。では他にはどんなデメリットがあるのか？　中学受験にはメリットがないのか？　ということを探っていきましょう。

□高校受験できないことの知られざるデメリット

中学受験の知られざるデメリットとして、「高校受験ができない」というものがあります。

意外に感じるかもしれません。普通これは、「中学受験すると、高校受験しなくてもよい」というメリットとして語られることが多いです。

高校受験をしなくて済むと、中学高校の6年間を受験を気にせずに使うことができます。スポーツや趣味に力を入れるなら伸び伸びできるということですね。中学高校の勉強を5年間に圧縮して、高3の1年間は大学受験対策に使うというスケジューリングも簡単になります。中学3年をのびのびと過ごすために小学校5〜6年を受験勉強でつぶすというのはメリットになっているのか疑問なのですが、大学受験対策に丸一年用意できるというのは確かに利点があるでしょう。

「小学生のうちなら親の言うことを聞くので受験に打ち込ませやすい」ということもメリットに挙げる人が多いです。

小学生のうちなら、親に言われた通りにがんばる子どもが多いのですが、高校受験をする中学3年生になると、ちょうど思春期反抗期の真っ盛りで、親が「勉強しなさい！」と言ったところでさっぱり聞きません。だから中学受験でがんばらせて進学校に通わせた方が、高校受験で上位校を狙うより確実だという理論です。

実は、この「中学受験で勝負をかける」理論が、大学受験を逆に不利にさせてしまう危険性をはらんでいます。

お受験（小学校受験）、中学受験、高校受験、大学受験を並べて、その特徴を整理してみましょう。（293頁「受験の比較」参照）

高校受験できないデメリットとは、大学受験の練習として最適な高校受験をスキップしてしまうことです。

まず思い出してもらいたいのが、子どもの成長に伴う「主体性の割合」の変化です。お母さんのお腹の中にいる間は、ほとんどお母さんと同じ生命体ですが、おぎゃーと生まれてから少しずつ自立していきます。

小学校受験の段階では、（小学校受験をするならば）試されるのはほとんど両親です。面接に行っても、面接官は子ども自身というよりは親子関係、両親の言動や服装をチェックしています。親9に対し、子ども1の時代です。

受験の比較

	お受験	中学受験	高校受験	大学受験
主　体	親	→	→	子ども
キー科目		算　数		英語・数学
問題傾向		学校範囲「外」	学校範囲「内」	学校範囲「内」

大学受験を目標とすると、中学受験より高校受験の方が連続性が高い。

大学受験になると、今度は反対に、子どもがほぼ自立していて主体性を発揮している必要があります。もうすぐ成人なのですから、情報収集や志望校の決定は子ども自身で行うべきです。まだ親の手がかかっているようではたぶん成功しません。この段階では、親1に対し、子ども9ぐらいになっているのが理想でしょう。

間にあるのが中学受験と高校受験ですが、中学受験は親の主導で行われる家庭が多いでしょう。本人に「どういう学校に行きたいの？」と聞いても要領を得た返事は返ってきませんので、基本的に志望校は親が選びます。

そのための塾を選んで、日々のモチベーションを管理して……ということも親の仕事になりがちです。子どもは、親と塾に言われた通りに勉強するのが普通です。子どもの主体性は育ってきてはいますが、まだ親が主導権を握っていて、親7に対し、子ども3とか、親6に対し、子ども4ぐらいの主体性である時期と言えます。

しかし、この主体性の割合のまま大学受験に突入するとまずいことが起こります。「どの大学を受験すべきか？」「どんな勉強をすべきか？」など、**今まで自分で調べたことがないので、親に聞かないとわかりません。ところが、この段階になると聞かれた親にもわからないのです。**勉強内容も、高校レベルの数学について聞かれてもさっぱりわからず、お手上げです。

学校の先生も塾の先生も、「どの大学を受けるべきか」について明確なアドバイスをすることができません。「京大の文学部と東大の文学部はどう違うんですか？」と聞かれても、たまたま自分の出身校でもない限り答えることはできないのです。

大学受験では子どもが主体的に、責任を持って情報収集をして、志望校を決める必要があります。その上で、どんな勉強をするかスケジュールや計画を、やはり自分で立てていくことになります。

この時点で情報収集や勉強計画作りを「やったことがない」とすると、かなり不利な状況に置かれることになります。

「親7に対し、子ども3」の時代から、急に「親1、子ども9」の主体性まで成長しなさいと言われても無理があるのです。

ここで高校受験を経験しておくと、ちょうど間を埋める「親4、子ども6」ぐらいの主体性を獲得できます。**高校受験は、親や先生のアドバイスを受けつつも、最後は自分で受験校を決めることが多い**でしょう。どの塾に通うか、どの参考書を買うかについても、友達や先生の情報をもとに自分で決めます。

高校受験は、親離れ子離れを一気に進める自立のチャンスなのです。

高校受験を経験しないと、自立を進める転換点を何か他に探さないといけません。あるいは、大学受験でなんとか急速に親離れ子離れを進めないといけなくなります。

このように**高校受験は自立のチャンスなのですが、単純に受験問題の傾向としても、中学受験よりも高校受験の方が、大学受験につながる連続性があります。**

大学受験で鍵となる科目は、なんと言っても英語と数学です。

受験科目が少ない大学でも、このどちらか、あるいは両方は必要になりますし、勉強に必要な時間も他の科目を大きく引き離します。物理や日本史のような他の科目は比較的、付け焼き刃でもどうにかなるのですが、英語と数学はそうはいきません。入試の配点も、この2科目は多い傾向にあります。

ところが、中学受験の最重要科目は「算数」です。英語でも数学でもありません。理科や社会で差がつくことは少なくて、ほとんどは国語と算数が合否を分けると言われています。そして国語は、本を読んだり文を書くことが得意な子なら特別な対策なしでもなんとかなることがありますが、算数は絶対に対策が必要で、学校のテストでいつも100点を取るような子でも対策なしでは2割〜3割しか取れなかったりします。英語は現在のところメインの科目にはなく、あっても選択科目程度です。（ただし2020年以降、小学校英語が教科化される影響により英語の状況は変わる可能性があります）

受験算数と数学は、似ているようで違う科目です。だてに名前は違いません。方程式（文字式）の有無が大きな違いですが、ほとんど同じような文章題でも、受験算数で問われるのは線分図や面積図の使い方で、数学で問われるのはXやYといった文字式の使い方です。絵画と書道ぐらいの違いがあるのです。

中学受験対策というと、その大部分は算数対策を行うことですが、残念ながらこの算数は大学受験に直接役立つことはありません。**受験算数で勉強する旅人算やニュートン算は、大学受験で出題されない**のです。

逆に、**高校受験で使う数学と英語は、そのまま大学受験で使います。**

たとえば中学校の数学では連立方程式や平方根を習います。連立方程式も平方根も確実に高校受験で出題されますが、大学受験でもやっぱり使います。

中学校の英語で習った英単語や英文法も、全部大学入試で使います。中学校で習うｂｅ動詞や過去形は、これなしでは英語にならないので絶対出てくるのです。

むしろ、大学入試で英語と数学が鍵となる理由は、中学校からの積み上げが問われるからだと言っていいでしょう。歴史や地理は中学校を飛ばして高校で勉強しても問題ないのですが、英語と数学は中学レベルをマスターしていないと高校レベルの問題に手が出ません。

大学入試で必須となる「中学レベルの数学と中学レベルの英語」。これをマスターするには、高校受験は非常に大きなチャンスになります。高校受験をしないと、この二つを身につけないまま大学受験に突入する可能性があるのです。

もう一つ、**中学受験は「学校で習わないこと」から出題され、高校受験は「学校で習ったこと」から出題される**という違いがあります。

中学受験では私立中高一貫校はもちろん、公立の中高一貫校も当然のように「学校で習わないこと」を中心に出題します。

公立高校入試の筆記試験は「学力検査」という名前で公立中学校入試の筆記試験は「適性検査」という名前なのですが、これはわざわざ名前を変えており、内容も違うものなのです。

公立高校入試の「学力検査」とは、文字通り生徒に身についた学力を調べるもので、要するに「中学校で勉強したことがちゃんと身についているか」を調べる検査です。中学校で習ったことをマスターしていれば、学力検査で優秀な成績をもらえます。

一方、公立中学校の入学試験においては、なんと**「学力検査」をすることは法律で禁止されています**。学校教育法施行規則という法律に「公立の中等教育学校については、学力検査を行わないものとする」としっかり書いてあるのです。ビックリですよね。

ですので、公立中学入試の筆記試験は「学力検査」ではなくて「適性検査」という名前です。「学力」を調べて合否を決めるのではなく、当校にふさわしい素質をもっているのか「適性」を調べるという建前です。

そして名前だけでなく内容も「学力検査」とは変えないとさすがに法律違反になってしまいます。なので、学習範囲こそ「小学校の範囲内」としているものの、「国語」「算数」といった科目別になっているのではなく、社会と算数の融合問題を記述式で答えるような、教科横断型の出題が多いです。

なにしろ、「学校で習ったこと」をそのまま入試問題に出題すると法律違反になってしまうのです。個人的には、なんだか無理のある制度だとは思いますが、**中学受験では公立の学校でさえ、「学校で習わないこと」から出題しようとがんばっている**のです。

高校受験はどうかというと、公立私立を問わず、基本的には「中学校で習ったこと」から入試問題が作られます。難関私立の英語は例外で、中学校の教科書に絶対出てこないような単語が出てきますが、例外はそれくらいではないかと思います。公立高校であれば、ほぼ間違いなく、「中学校で習ったこと」が入試問題のすべてです。

大学受験になるといろいろな問題を作る大学が増えますが、やはり、小論文と難関私大の英語を除いて基本は「高校で習ったこと」が筆記試験の範囲です。

なぜ中学受験は「学校で習わないこと」がメインで、高校受験と大学受験は「学校で習ったこと」がメインになるかというと、小学校の範囲内でテスト問題を作ると差がつかないが、高校の範囲内でテスト問題を作ってもじゅうぶん差がつくからでしょう。

小学校の範囲内でテスト問題を作ると上位層は満点続出になりますが、高校の範囲内で作られたセンター試験で全科目満点をとった人は何人もいません。

この違いが何に影響してくるかというと、受験勉強のやり方です。

たとえば**中学校受験では学校の教科書がほぼ役に立ちません**が、**高校受験、大学受験になると、困ったときに戻ってくるのが何よりも教科書**です。

勉強のやり方に関しても、**出題傾向が似ている高校受験を経験しておいた方が大学受験**

が有利になります。

・親離れ子離れをし、自立した受験をするチャンス
・高校受験の英語と数学がそのまま大学受験で使える
・受験勉強のやり方が大学受験に近いのは、中学受験より高校受験

このように、大学受験を目標とするなら、高校受験には「大学受験の練習ができる」という大きなメリットがあります。中学受験をすると、このメリットを受けることができません。**高校受験できないというデメリットは世間で過小評価されている**のではないでしょうか。

□中学受験は日本最難関のテスト

中学受験の弱点として見過ごされがちなのは、その受験勉強の大変さです。

受験勉強が大変なのは当たり前で、「成功を勝ち取るためには人生のどこかで頑張らなきゃいけないじゃないか！」と思うかもしれませんが、ではその「どこか」と比較していき

ましょう。

一般的に、「中学受験をするならばどんなに遅くとも小5になってすぐ、願わくば小4になったときには受験勉強をはじめるべきだ」と言われます。

必要な準備期間は最低2年、可能なら3年欲しいということです。実際、**どんな天才児であっても「半年の準備期間でトップ校に合格した！」という事例はほぼない**ようです。この準備期間の長さは、中学受験の特徴である「学校で習っていないところから出題される」ことにも関係しています。過去問を解くなどの直接的な受験対策に1年かけるとすると、その前に小6までの勉強を一通り済ませておかなくてはなりません。その準備に1年から2年かかるということでしょう。

ところで高校受験に目を移すと、中学受験では天才児でも半年で合格することは不可能でしたが、高校受験では「それまでぱっとしない成績だったけど、中3の夏から頑張って地域トップ校に合格した」という実例は結構普通にあります。**普通の中学生が半年間勉強してトップ校に合格することは、じゅうぶん現実的な範囲**なのです。

まあ最初から「中3の夏からがんばるよ」と言っている生徒は中3の夏になってもがんばらないことは予想できますし、公立高校だと中3の1学期・2学期の内申点が合否に大きく影響するので内申点対策はもっと早くからはじめる必要があります。それでも、受験勉強としては半年もあればなんとかなります。入試問題は基本的に学校の授業の延長で作られるからです。

高校受験の標準的な準備期間は半年〜1年といったところでしょうか。

次に大学受験です。大学の受験勉強はどのくらい必要なのでしょうか？

もちろん、現状でのデキと志望する大学によって必要な準備期間は変わりますが、たとえば**東大（理三以外）だと1年ぐらいの準備期間があればなんとかなると言われています。**

意外と短いと感じたのではないでしょうか？　中学レベルの理解も怪しいところからスタートするとさすがに1年では無理ですが、それでも基礎固め1年＋受験対策1年の2年間計画ならじゅうぶん現実的です。毎日真面目に学校に通っている普通の高校生であれば1年でじゅうぶんです。これは私が言っているだけでなく、東大受験界のだいたいのコンセンサスです。

ちなみに私は、高3の秋から受験勉強をはじめて間に合いました。

国公立医学部だともう少し準備期間が必要ですが、大学受験はトップレベルを目指したとして1年〜1年半の準備期間としましょう。

今までの準備期間をまとめます。それぞれ、まあまあ標準的な生徒がトップレベルの学校を目指した想定です。

中学受験：２年〜３年
高校受験：半年〜１年
大学受験：１年〜１年半

中学受験の準備期間の長さが圧倒的なのですが、これらの学校受験に限らず、2年〜3年以上の準備期間が必要になる試験は、他には司法試験だけです。他の試験の標準的な準備期間を並べてみましょう。

司法試験：２年〜３年
医師国家試験：半年〜１年半
公務員試験：半年〜１年

そう、**準備期間の面では、中学受験とはもっとも準備期間を必要とする日本最難関のテスト**なのです。

しかも、時間が5倍の法則からすると、小学生の2年〜3年は、大人の10年以上にも感じられます。

時間だけでなく体感的にもいちばん大変な受験のようで、中学受験をしてから東大に来た友人に聞いてみてもこのような感想が返ってきます。

中学受験→東大→MBAをとった友人曰く

「小学生のときがいちばん勉強したね」

中学受験→東大→医学部受け直し→医師になった友人曰く

「中学受験がいちばん大変だったな」

ちなみに、この例に出した二人は、中学トップ校というわけではなく地域2番手グループぐらいの出身者です。そのぐらいのレベルであっても、東大やMBAや医学部よりも大変だったということです。

「人生に一度ぐらいは本気で受験した方がいい」とはしばしば言われます。

学歴にまったく興味がなく高校や大学に行かなかった人はもちろん、一度も受験せずにエスカレーターで大学に進学した人でも「知らない都道府県名がある」とか、やはり日本人として身につけるべき教養が抜け落ちてしまうことはあるようです。私もこの点には同意します。

「どうせがんばるなら早い時期がいい」とも言われます。この点にも同意します。やるなら「今でしょ！」です。

ただ、**「どうせ受験するなら早い時期がいい」という理由で中学受験をすると、このように時間の上での効率はよろしくありません。**

「努力に見合った価値がある！」と信じるならば、もう少しメリットを見つけてから中学受験を決めたいところです。今まで話してきたように、中学受験をすることで成績が伸びるわけではなく、高校受験できないというデメリットを抱えます。

中学受験には、この日本最難関の試験を受けるという努力に見合った、もっと決定的なメリットはないのでしょうか？

□浪人リスクをどう考えるか？
中学受験の分岐点

駿台模試の結果によると、中高一貫校での教育で「成績が伸びる」ということはなさそうだという話をしました。もちろんこれは平均値での話で、個別の学校や生徒を見れば、中学校のおかげで成績がグングン伸びたというケースはあるでしょう。私立中学校で出会った恩師に感銘を受け、勉強がとても好きになったという人はたくさんいます。

しかし、そういう素晴らしい学校や素晴らしい先生は地元の公立校にもちらほらいるわけで、平均するとあまり変わらないということです。**ただなんとなく一貫校に行っても学力は伸びない**のです。

と言っても、いわゆる名門私立一貫校の進学実績は明らかによいです。卒業生が当たり前のようにみんな東大・京大・医学部に進学する学校はあるので、大学受験には何かしらの有利な点があるのでしょう。

進学校の進学実績はなぜよいのか？

その答えは非常に単純で、**「もともと優秀な生徒を集めて授業で受験対策をしているから」**です。

特に一貫校の場合は、高校2年生までに高校の勉強範囲を終わらせ、高校3年生の丸一年を受験対策に使うというスケジューリングができます。中学校1年生からペースを飛ばして先に進めば、じゅうぶん高校2年生までに終わらせることができます。ただし、もともと優秀な生徒を集めないと、このハイペースな授業は無理でしょう。落ちこぼれそうな生徒のフォローをしていたら、授業は進みません。

公立高校の進学校でも高校3年生の後半は受験対策を行いますが、やはり高2までで全範囲を終わらせるというのは難しいです。

いわゆる底辺校にいたっては、高校の授業でも中学レベルのことを教えることになるので、当然受験対策にはたどり着きません。そのような環境で大学の一般入試を受けるには、学校の授業は無視して、高校レベルの勉強も受験対策も全部自分で行う勢いが必要です。

中高一貫校の、「丸一年を受験対策に使える」というメリットは非常に大きいです。特に現役での大学合格を目指すならば。場合によっては、たとえレベルが高くない(中の下などの)一貫校であっても、丸一年の受験対策期間が生まれれば、かなり上のランクの大学にも合格可能です。そういう意味では中学受験の選択肢に入ってくるでしょう。

ただし、このメリットは「現役での大学合格を目指すならば」大きいのですが、逆に言えば、浪人して1年受験対策をしてもよいならメリットとして消えてしまうことになります。

実際に、私立一貫校と公立トップ校の進学実績を比べると、「現役では圧倒的に一貫校が上だが、浪人生を入れると公立が追いつく」ということがよくあります。浪人してもよいならばどちらの学校に行っても進む大学はあまり変わらないが、一貫校に行った方が浪人するリスクは減るということです。

この「浪人リスク」をどう考えるかです。

一貫校に通っていれば現役合格できたものを、公立校だったがために浪人してしまったという生徒は多いと思われます。

しかし、**人生全体から見ると1年間の浪人は大きな影響がない**とも言えます。

大学に入ると、浪人していようがしていまいが新入りの1年生として扱われます。就職しても、浪人していようがしていまいが、新卒の新入社員として扱われます。**浪人の有無が就職で有利不利になることもまずありません。**

実生活では、浪人を経験していることを実感する場所はほとんどないでしょう。「浪人したのは人生の失敗だった……」と後悔している人にもなかなか出会いません。

「どうしても浪人したくない！」のであれば一貫校はメリットある選択ですし、「浪人してもいいや」というのであれば一貫校のメリットは薄れます。人生観として、どちらを選ぶかで一貫校のメリットは変わってくるでしょう。

□目隠しで大学受験をしないために

中学受験をして中高一貫校に入っても、「優秀な友達に刺激されて勉強に励み、成績が上がる効果」はなさそうだと書きました。後述しますが、中学受験すると友達からの刺激はむしろ少なくなります。

かといって、中高一貫校の友達が不要かというとそうではありません。

友達によって成績が上がる効果はないのですが、友達によって大学受験が有利になる効果は大いにあります。

大学受験にとってプラスとなる大きな効果、**それは友達や先輩からもたらされる有益な「情報」**です。

大学への進学実績がいい学校ということは、当然ながら卒業生がその大学にたくさん入学しているということです。受験している生徒はさらに多いです。学校の先生も、その大学についてよく知っています。**進学校には、ネットやテレビに出回らない生の大学受験の**

情報がたくさん出回るのです。

大学受験において、「情報」がどれだけ重要かはあまり話題になりません。進学校にいる人は当たり前のように知っているし、そうでない人は当たり前のように知らないからです。当たり前のことはわざわざ話題に出しません。「昨日寝る前に歯を磨いたよ」と誰も話題にせず、みんな「昨日スタバで芸能人を見かけたよ」という当たり前じゃないことを話題にします。

たとえばどういう情報かというと、東大の合格者は毎年何人で、競争率は何倍かご存知でしょうか？

答えは、「合格者はおよそ3000人で倍率はおよそ3倍」です。

知らない人は、3000人という多さに驚き、3倍という競争率の低さにまた驚きます。完全に公開されている数字だし、毎年たいして変わらないので、知っている人には常識で当たり前なのですが。

東大生が意外と競争嫌いなのは、この定員の多さと競争率の低さも影響しているでしょう。毎年3000人も合格するので、ライバルを一人や二人追い抜いたところで何も変わらないことがわかります。

3倍という競争率も、他のものと比べるとかなり低めです。たとえば、大学を出て「高校の教師になりたいなぁ」と思ったら、東京都の国語教師の競争率は5倍でした。「東大に合格する人は天才だ」というのも誤解であることがわかります。天才が毎年3000人も現れるわけはないですよね。

このような**情報を知っているだけで東大受験はかなり簡単なものに感じてくる**でしょう。だから進学校ではたくさんの生徒が東大を受験し、結果たくさんの生徒が合格します。

志望校へ行った先輩や友達が豊富だと、難しい質問にも簡単に答えてくれます。たとえば「どの参考書を使えばいいですか?」という質問です。この質問に答えるのが難しい理由は、「最適な参考書は人によって違う」からです。

英単語の参考書にしても、合格に必要な高校で憶えるべき単語数は東大で2000、早慶上智で4000と言われています。これまた、意外と東大に必要な単語数は少ないのですが、受ける大学によって使うべき英単語帳は違ってくるのです。

こういうときは単純に、東大に行きたければ東大に合格した人に、上智に行きたければ上智に合格した人に聞くだけでシンプルな答えが返ってきます。

「これとこれをやったけど、結果的にはこっちだけでよかったよ」という具合です。

この情報がないと、世の中には「評判のよい単語帳」だけで10冊ぐらいはありますので、全部に手をつけ最適なものを自分で探さないといけません。ものすごく大変で、ほとんど無理。目隠しをしてバスケットボールをするようなものです。シュートを何本打っても、いつリングに入るのかわかりません。ところが、進学校にいれば先輩に聞くだけです。

大学受験というのは「相手よりたくさん勉強したら勝ち」というような個人戦ではありません。情報戦であり、同盟戦です。「いかに信頼できる仲間から有益な情報を得るか」が勝負を決めます。この信頼できる仲間が身近にたくさんいた方が大学受験が有利になるのは間違いありません。

そういった意味で、志望する大学に合格した人、合格しそうな人が集まる進学校は大きなメリットになるのです。

ただ、このメリットは大学受験のときの情報網についてなので、別に中高一貫校でなくても、高校受験で進学校に行けばメリットは同じです。

ですので、もし中学受験をしなかったのなら、高校受験では勝負をかけてトップ校を狙った方がいいでしょう。大学受験になってから勝負をかけるのでは、目隠しをしてバスケットボールの試合に出ることになります。本来見えるべき情報が見えず、非常に不利な試合をしなくてはなりません。

□結局、中学受験のメリットは何なのか

さて、大学受験が有利になる中学受験のメリットについて挙げてきましたが、

・受験対策に1年使える

というメリットは、浪人リスクを気にしないのであればそれほど大きなものではありません。

・先輩や友達から有益な情報が得られる

ということについても、中学受験でなく高校受験で勝負をかければ同じことです。日本最難関のテストにチャレンジする価値のある、もっと決定的なメリットはないのでしょうか。

実は、中高一貫校の出身者に聞くと、口を揃えて答える「中学受験してよかったこと」が

あります。それは、

「中学の友達が一生の友達になった」

ということです。

一生の友達ができることはいいことですが、別にどこの中学校に行ってもそこで出会った友達が一生の付き合いになることはあります。高校の友達が一生の友達になることもあるし、大学の友達が一生の友達になることもあるでしょう。しかし、中高一貫校でできる「一生の友達」は他の友達と違った意味を持ちます。その意味を探求していきましょう。

まず、少し難しい話ですが、教育業界の古くて新しい論争に「教育に必要なのは、多様性か？　同質性か？」という議論があります。

「多様性」を重視する立場は、「異質なものを理解することが教育の目的の一つであり、多様な環境はそれ自体が学びの場だ」と主張します。

たとえば、学校を「男女共学の方がいい」と考えるのは多様性重視です。人間の社会は男女が半々いるのだから、学校も男女半々いて当然だという考え方ですね。もっと多様性を重視すると、インターナショナルスクールのようなものが生まれてきます。日本人に限らず、インド人やアメリカ人や韓国人といった多様な国籍、多様な文化をもつ生徒が一緒に学校に通った方が、互いに刺激を与え合い成長するという立場です。現代社会では、女性の社会進出やグローバル化が進んでいるので、学校も多様性を重視しようという流れがあります。

学業面では、多様性重視派はグループワークが効果的だと考えます。生徒どうしが意見を述べ合ったり、互いに教え合ったりすることがグループワークです。勉強ができる生徒と勉強ができない生徒がいても、互いに相手の違いを理解し尊重することで新たな気づきを得ることができます。

一方、「同質性」を重視する立場は、「自分と似たようなバックグラウンドを持つ安心できる集団の中で、効率的に教育を行うべきだ」と主張します。

勉強を教える方としては、生徒のレベルが揃っていた方が効率的なのは間違いありません。数学の時間に九九ができない生徒がいると、そのフォローで授業が進みません。生徒のレベルに合わせた習熟度別授業が望ましいと考えます。国籍や文化も、周りが自分と似たようなバックグラウンドだと安心できます。キリスト教では日曜日が休日でイスラム教では金曜日が休日ですが、日本の学校で「金曜日だから学校に行きません」という生徒がいると学級運営に困ってしまいます。似たものどうしが集まるので、いじめも少なくなります。

多様性派と同質性派、どちらが正しいかは結論が出ていません。どちらも一理あるので、結論が出ない問題なのでしょう。ただし、中学受験をするということは、このうち「同質性」のメリットを重視しようということです。

中学受験をすることで、家庭の経済力や教育方針が似たようなバックグラウンドを持つ生徒が集まります。入試で学力レベルも揃います。中高一貫校に男女別学の学校が多いのは「同質性」重視だからです。

「似たような生徒が集まっているところに最適な教育をすることで生徒がより成長する」というのがどんな中高一貫校にも共通する教育理念なのです。

多様性重視の教育と言うと聞こえはいいですが、要は玉石混交の雑多な生徒が集まるということです。雑菌だらけの環境と純粋培養の研究室、どちらが生育環境として最適かという議論と同じです。

雑菌だらけの環境にいるとすぐに変な病気に感染してしまうかもしれませんが、研究室育ちだとその雑菌に対する抵抗力が身につかず、打たれ弱く育ってしまうかもしれません。

どちらがいいか簡単には結論は出ませんが、いずれにしろ中高一貫校には同質性溢れる生徒が集まってきます。

似たものどうしが集まる機会は他にもあります。同じ会社に勤める人はなんだかんだ言って似たような価値観を持っていますし、趣味のサークルに集まるのも似たものどうしです。

しかし、中学から高校という思春期まっただ中の多感な時期に、同じような価値観と家庭的バックグラウンドを持つ子どもが集まることは、やはり一生モノの経験になるのです。別に悪いことではないのですが、友達づき合いというのは大抵そのときそのときのものです。友達の範囲は3年～5年で移り変わるとも言われています。高校に進めば高校の友達、大学に進めば大学の友達、就職すれば仕事上の友達、というように友達づき合いの範囲が変わっていきます。

中学校の友達づき合いが大人になっても続くケースは、普通は地元に住み続けた場合だけでしょう。高校や大学で都会に出たり、就職で住む場所が変わると、自然に疎遠になります。地元つながりで中学校の友達関係が続いている場合、「中学校の友達」というよりは「地元の友達」としてつき合っていると言えます。

ところが、中高一貫校の友達というのは、同質性と濃密な6年間のおかげで、大学に進んでも、別々の会社に就職しても、海外に引っ越しても、ずっと友達としてのつき合いが続くのです。しかも、その友達は、たまたま気が合った一人二人でなくてたくさんです。大人になってからも年に何回も集まって、仕事の話もくだらない話もする間柄の友達がたくさんできるわけです。

私は公立高校出身なので中高一貫校の必要性をあまり感じていませんが、この点については素直に羨ましいと思います。彼らは高校の友達、大学の友達とは違ったレベルでつながりを感じているようです。

中学受験をするなら、やっぱりこの「一生の友達ができる」メリットを最重視するべきでしょう。他では絶対に手に入らない素晴らしいメリットです。

受験するならば、偏差値よりも進学実績よりも、「その学校の生徒が一生の友達としてふさわしいか」ということを基準に選んでください。

受験する中学を選ぶことは、一生の友達を選ぶことなのです。

□酢豚ゴルフ論争に隠された本当の「学力」

「学力」という言葉があります。

「我が子の学力を伸ばすにはどうしたらいいのか？」
「うちの学校は、生徒の学力が低くて困っています」

というように使われます。

ところで、「学力」というのは一体何なのでしょうか？
この質問にはっきり答えられる人は少ないです。この**「学力」という言葉の定義がはっきりしないがゆえに、子どももお母さんもお父さんも先生も、何をすればいいのか混乱して困っている**のが現状です。

実は、日本には文部科学省の定めた「学力」の定義があります。
日本では「学習指導要領」という学校教育の指針が文部科学省によって作られており、これに従って学校のカリキュラムが作られ、教科書が作られています。学校の授業も入学試験も、基本的にこの学習指導要領に基づいています。これは10年に一回ぐらい改訂されています。

２０１１年から使われている現行の学習指導要領には、日本の教育で目指す学力とは「確かな学力」だとしています。その「確かな学力」とは何かというと、「知識や技能はもちろんのこと、これに加えて、学ぶ意欲や自分で課題を見付け、自ら学び、主体的に判断し、行動し、よりよく問題解決する資質や能力等まで含めたもの」ということです。

官僚言葉でわかりにくいのですが、ここには、二つの立場がせめぎ合っています。

最初に「知識や技能はもちろんのこと」とありますが、まず、**学力とは「学校で身についた知識や技能のことである」という立場**です。「乾電池を直列でつなげると電圧が上がる」という知識や「3桁の足し算が暗算でできる」という技能のことです。昔から存在し、非常にわかりやすい主張ですね。

ここで、学力とは「学校で身についた知識や技能のことである」という立場を**「知識・技能派」**と名づけましょう。これが一つ目の立場です。

「知識・技能派」の学力観がいちばん強く打ち出されたのは１９７１年の学習指導要領でした。

当時は「現代化カリキュラム」と呼ばれ、知識と技術を学ぶ方向性を強く押し出したものでした。

この時代は、ちょうどアメリカとソ連の宇宙開発競争が激しくなり、１９６９年にアポロ11号が月面着陸した時代です。日本でも高度経済成長に東海道新幹線が整備され、テレビ・洗濯機・冷蔵庫という三種の神器が普及しました。科学技術があればどんなことでも可能で、生活は豊かになると考えられていました。国を発展させるためには学校の生徒に科学技術を詰め込めばよいと思われていたのです。

しかし、この立場は**「詰め込み教育」であるとの批判**を多く受けます。

情報技術が発達してくると、必要な知識はコンピューターが補完してくれます。足し算をするなら電卓を叩いた方が速くて確実です。実生活で必要ない知識や技能を詰め込むわりには、学習内容が多くて生徒の大きな負担になりました。

そこで、学校で育てるべき学力は知識や技能でなく、**「学ぶ意欲や自分で課題を見付け、自ら学び、主体的に判断し、行動し、よりよく問題解決する資質や能力」である**という立場が生まれます。先程の「確かな学力」の後半部分です。学力とは知識のことでなく、主体的な学習意欲や課題を発見して問題解決をする能力こそが学力だという立場です。長いのでここでは**「意欲・問題解決力派」**と名づけましょう。

1992年に学習指導要領には、この立場の学力観が「新しい学力観」という名前で採用されました。ゆとりのある充実した学校生活の実現のために学習内容は削減されます。詰め込み教育の反省から生まれた「ゆとり教育」です。知識よりも体験を重視するため、小学校1・2年の社会科と理科は統合されて生活科になりました。

2002年にはさらに授業時間が削減され、問題解決力を育てるための「総合的な学習の時間」も生まれました。

さて、「意欲・問題解決力派」の考えはそれなりに支持を得て実行されたのですが、実際にこの方向で教育を進めてみたら「分数ができない大学生」に代表される学力低下が問題になります。**ゆとり教育の失敗**と言われる現象です。

そこで、2011年の学習指導要領では「脱ゆとり」が叫ばれて授業時間が増やされます。やっぱり知識や技能は大切なので、時間をとってしっかり教えましょうということになったのです。**学力観は、「知識・技能派」と「意欲・問題解決力派」のバランスを取ることになりました。**なので、現在は学力の定義はこうなっています。

「『確かな学力』とは、知識や技能はもちろんのこと、これに加えて、学ぶ意欲や自分で課題を見付け、自ら学び、主体的に判断し、行動し、よりよく問題解決する資質や能力等まで含めたものである」

こうして学習指導要領の移り変わりを振り返ると、おもしろいことがわかります。

１９７１年〜　知識重視の詰め込み教育
１９９２年〜　問題解決力重視の新しい学力観
２０１１年〜　知識重視とのバランスを取ろうとする脱ゆとり教育

20年ごとに、「知識・技能派」と「意欲・問題解決力派」とで「学力」観の揺り戻しがあるのです。

ちなみに、２０２０年からはじまる学習指導要領では「正解がない中で参加者が主体的に議論するアクティブ・ラーニング」というものが導入され、また「意欲・問題解決力派」の方向に振れだす予定です。

学力とは、知識や技能のことなのでしょうか？
それとも意欲や問題解決力のことなのでしょうか？

この議論は何十年も続いていて、20年ごとに答えがひっくり返ってきたのです。いったい正解はいつわかるのでしょう？
残念ながら、この20年ごとに繰り返される議論が終わることはありません。両方とも間違っているからです。

まず、**「知識・技能」が本質的な学力でないのは明らか**です。インターネットで調べれば、どんな知識も手に入れることができます。本能寺の変が何年に起こったかは、年号を憶えなくてもスマホでウィキペディアなどを検索すればすぐにわかります。少なくとも、いちいちインターネットで調べなくても憶えているべき知識は、せいぜい中学レベルまでです。高校レベル以上の知識は細かすぎて誰も憶えていられません。

では**「意欲・問題解決力」が学力なのかというとこれもうまくいきません**。理想としては美しいのですが、日本の教育でうまくいった例はないからです。知識重視の詰め込み教育は、問題点もあるもののそれなりに成果を上げました。しかし、問題解決力重視のゆとり教育はついに成果を上げなかったのです。

これは、**「意欲と問題解決力」が人生に必要だとしても、学校というシステムがあまりにこの教育に向いていない**せいです。

例を挙げると、トーマス・エジソンという人物がいます。

エジソンは、蓄音器・白熱電球・活動写真など当時の人の生活を変える発明を生涯に１３００も行った発明王です。そして、ゼネラル・エレクトリックという、今なお世界中に30万人以上の社員がいる大企業の創始者でもあります。

このエジソンという人は、人類の歴史でもトップクラスに学習意欲と問題解決力が高い人であることは間違いありません。

エジソンが白熱電球を実用化しようとしたとき、「電球の寿命が短くて1日しか持たない」という問題がありました。エジソンはこの白熱電球の寿命を10時間から１０００時間以上に伸ばしたから偉大なのですが、この問題をどのように解決したのでしょうか？

答えは、「研究資金に物を言わせ、６０００種類の材料を片っ端から試す」というものでした。

その結果、日本の京都の竹を材料に使うのがもっとも長持ちするとわかったのですが、この問題解決法を学校で再現しようとするとどうなるでしょうか？

「15個のリンゴを３人で平等に分けると、１人あたりいくつになりますか？」という問題のいちばんいい解決方法は、エジソンの真似をすると、実際に15個のリンゴを用意して３人で分けてみることです。絶対に間違いがなくて確実です。労力やコストを気にしていてはいけません。リンゴを買うお金はどこからかひねり出すのです。

ところが学校では、この問題解決方法では×をもらいます。「15÷３＝」という式を立てて割り算しないといけません。実際に15個のリンゴと人間3人を集めてみると、リンゴの品種や大きさがバラバラであったり、リンゴアレルギーの人がいたりするので、5個ずつに分けることが必ずしも平等でないとわかります。そこをなんとかするのが問題解決力ですが、学校では教えられないのです。

そもそも、学校で習うことはすべて、天才たちが一生をかけて解決した問題です。「授業中の1時間でピタゴラスの定理を発見しなさい」と言われても、ピタゴラス本人にもできません。そんなに都合よく授業時間内で問題解決ができると信じるならば、それこそ問題を解決したことのない発想です。

ちなみに、エジソンは小学校を中退して独学で勉強しています。彼の学習意欲も問題解決力も、学校で教えてもらったのではありません。エジソンほどでないにしても、優秀な人で「小学校で分数の足し算を教えてもらった」という人には出会いますが「小学校で学習意欲を教えてもらった」「小学校で学んだ問題解決力が今に生きている」という人にはなかなか出会えません。

やはり、学校システムには「学習意欲」や「問題解決能力」を育てる機能はない気がして仕方ありません。

二派の議論を聞いていると、とても悲しい気持ちになります。

「知識・技能」派も「意欲・問題解決力」派も、子どもたちの未来を考え、理想を目指して真剣に議論しています。その動機は素晴らしいものです。

しかし問題は、この答えの出ない20年ごとの実験につき合わされているのは子どもたちだということです。たった一度しかない人生の、しかも若い無限の可能性を秘めた時期に、子どもたちはこの不毛な議論と実験につき合わされるのです。本来学ぶべきことを、学ぶ機会を奪われてしまうのです。

本当の「学力」とは、非常にシンプルです。別に難しい議論は必要ありません。知識なのか意欲なのか考える必要はないのです。


「学力」とは、文字通りの「学ぶ力」のことです。


必要なときに、必要な知識や技術を学び取る力のことです。人生の中では、いつでも、何度でも、学ぶべきときがやってきます。

料理で酢豚を作りたければ、材料と調理方法を学ばないといけません。

運転免許を取りたいなら、運転技術と交通ルールを学ばないといけません。ゴルフが上達したければ、スイングや道具の選び方を学ばないといけません。ビジネスをはじめるなら、仕入れや経理や集客を学ばないといけません。金銭的に豊かになりたいなら、資産運用を学ばないといけません。

その必要なときに、ちゃんと必要な知識や技術を学び取る必要があります。

「知識・技能」と「意欲・問題解決力」と、どちらが重要なのか議論するのは、酢豚とゴルフ、どちらが重要なのか議論することと同じです。酢豚は美味しいし、ゴルフは楽しいです。ただし、酢豚を食べ続けると不健康ですし、ゴルフだけを続けても飢え死にしてしまいます。

教育学者は、この当たり前の結論を、子どもを無視して何十年も議論しています。

どちらも同じように重要で、同じように欠点があるのですが、問題はそれが身につけられるかということです。

現場の先生の感じている問題の大部分は「何を教えたらいいか」ではありません。「教えているることがなかなか伝わらない」ということです。

知識も問題解決力も教えたいのですが、問題は両方ともなかなか子どもに定着しないことです。

酢豚の作り方を理解できない子がたくさんいて困っているのに「これからの時代はゴルフが重要だ。ゴルフを教えなさい」と指示されて困っているのです。

酢豚やゴルフが学力でないように、「知識・技能」も「意欲・問題解決力」も学力ではありません。

学力とは、学ぶ力のことです。

ゴルフをはじめるなら学ぶべきことは多いですが、誰からどのように学べばいいのでしょう？　ゴルフ雑誌？　ゴルフスクール？　お父さんとお母さん？　ゴルフ雑誌ならどれを読めばいいの？　どの章から読めばいいの？　読んだらその後どうすればいいの？

こんなとき、「学力」が試されます。

目標を明確にし、それに対する最適な手段を選択する力のことです。

テストで点を取りたければ、取りたい点を決めて最適な手段を選びましょう。

受験で合格したければ、行きたい学校を決めて最適な手段を選びましょう。

相対性理論を解明したければ、それに対する最適な手段を選びましょう。

ただそれだけのことです。得たいものを得られる力がつけばそれでよいのです。得たいものに優劣はありません。**その人が欲しいものがいちばん重要なもの**です。

「酢豚は程度が低い」とか「ゴルフは役に立たない」とか周りが騒いでもしょうがないことと同じように、**「知識」と「問題解決力」とどちらが重要か決めるのは、周りの親や先生では**

ありません。決められるのは本人だけです。目標はなんでもいいのですが、その目標は得られる力をつけて欲しいのです。

教育界の不毛な論争が、本当の「学力」から子どもを遠ざけ先生を苦労させています。

必要なときに、必要な知識や技術を学び取るという本来の学力を、子どもには身につけてもらいたいと思っています。

□ついにわかった「勉強」の正体

勉強を巡る不幸のはじまりは、「勉強は暗記ゲームだ」という誤解にあります。

この誤解が、勉強を非効率にして勉強嫌いの子どもを増やし、親を迷わせ先生を困らせています。教育問題が複雑になるすべての原因は、この誤解にあると言っていいでしょう。

何度も言ってきましたが、勉強とは暗記ではありません。「相手の伝えたいことをわかってあげること」です。

勉強は暗記ゲームだと思っている限り、テストの点数は上がらず成績は悪いままです。人間の頭は暗記が不得意で、一日経つとデータが半分消えてしまうようなコンピュータです。反復して記憶しようとすると、憶えては忘れ、忘れては憶えることを何度も繰り返さなければいけません。小石を積んでも鬼に崩される賽の河原のようなものです。

そうなったら勉強は、どんなに苦労しても報われない本当の地獄になってしまいます。

実際にやるべきことは、授業する先生や、教科書を書いた人が伝えたいことをわかってあげることです。

ペーパーテストとは、知識量があると◯が増えるのではなく、出題者の意図を理解すると◯が増えるものです。テストの点が悪ければ、それは頭が悪いわけでも、努力が足りなかったわけでも、才能がなかったわけでもありません。ただ、出題者の意図をわかってあげられなかったということ、それだけです。

勉強は暗記ゲームだと思っている限り、入学試験に合格はできません。

入試問題とは、どんな生徒に来てもらいたいかという学校からのメッセージです。

事務処理能力が高い生徒に来てもらいたいのか？　文章力がある生徒に来てもらいたいのか？　忍耐力がある生徒に来てもらいたいのか？　志が高い生徒に来てもらいたいのか？

このメッセージを正しく受け取ったら、合格することができます。仮にメッセージを正しく受け取ったうえで合格しないなら、最初からその学校には行くべきではありません。合わない生徒が合わない学校に通ったら、生徒にとっても学校にとっても不幸なことです。気が合わないことが最初からわかっている人と何年もつき合う必要はありません。

その学校が伝えたいメッセージを、入試問題からわかってあげましょう。

勉強は暗記ゲームだと思っている限り、勉強の必要性はわかりません。

残念ながら、学校で学んだことのほとんどは社会で役に立たないのです。社会で役に立つことを教えようとしても、社会に出たことのない学校の先生には教えることができません。

ただ、あなたにとってどんなに役に立たないことに見えても、世界のどこかではそれを活用して大きな成果を出している人がいます。サイン・コサイン・タンジェントがないと、電気は起こせないしスマホは動きません。**どう役立てるのかは、学んだ人の創造性にかかっています。**

勉強は暗記ゲームだと思っている限り、学問の素晴らしさはわかりません。

学校は生徒を苦しめるために存在しているのではありません。

学校で学ぶことのすべては、必ず誰かが「これはすごい」「これは美しい」「これは社会を変える」と思ったから教えられています。数千年前の科学者の発見が、いまだに語り継がれているのには意味があります。

知識を暗記しても人生は変わりませんが、そのすごさ、美しさをわかってあげることは、必ず人生をすごくて美しいものに変えます。そしてその凄さと美しさを学んだ人は、この世界を凄くて美しいものに変えていきます。

教育とは、コミュニケーションです。
教える方は、伝える努力が必要です。

学ぶ方は、受け取る努力が必要です。

勘違いされがちですが、教育とは、「正しいことを教える」ことではありません。正しい正しくないを議論するのは、伝えたいことが伝わってからはじめてスタートします。その意味では、教える方も学ぶ方も対等です。

歴史の教科書では、鎌倉幕府が成立したのは、源頼朝が征夷大将軍に就任したいい国作ろう（１１９２年）から、守護地頭を全国に設置した１１８５年に解釈が変わったと言われますが、学ぶ生徒がわかってあげるべきなのは「鎌倉幕府の実際的な成立は１１８５年だと考える学者が多い」というところまでです。

もしかして、１２２１年の承久の乱をもって鎌倉政権が確立したという学説が正しいのかもしれませんが、それを議論しはじめるべきときは互いがわかり合ってからです。

教える方は、真実だと思っていること、役に立つと思っていること、美しいと思っていることを教えます。しかし、受け取る方にとっては役に立たないかもしれないし、美しく思えないかもしれません。真実でないことが後からわかるかもしれません。

ただ、それを議論しはじめるのはちゃんと伝わってからです。

伝わらないと何もはじまりません。

そして、勉強したことは正しいのか？　役に立つのか？　美しいのか？
最終的に判断するのは先生でなくて子ども自身です。

私はというと、先生だらけの家庭に生まれ育ち、小学校６年、中学校３年、高校３年、大学４年と日本の教育を16年も受け、日本の最高学府と呼ばれる東大にも通ってみました。その後はどちらかというと教える方にまわり、勉強や、ビジネスや、マリンスポーツを教えています。

この人生の中で、教育と勉強に困っている人とたくさん出会ってきました。
勉強にやる気が出ない友達、どんなにがんばっても成果が出ない子ども、子どもの成績に悩む親、教えたいことを教えられずに困っている先生……。

これらの**悩みの正体は、すべて「勉強」に対する誤解でした。**

教育とは、伝えたいことを伝えることです。
勉強とは、その伝えたいことをわかってあげることです。

勉強にはやる気も必要ありません。
勉強とは他者理解に努めることだからです。

目の前の人を理解するのにやる気は必要なく、必要なのはたった一片の愛情だけです。
人は誰しも、わかり合いたいと思っています。わかり合いたいという気持ちに、やる気や強制もご褒美も必要ないように、勉強にも必要なかったのです。

教育とは、本当は非常にシンプルな原理だったのです。

おわりに――父と母へ

私の両親は、特に教育熱心な方ではなかったと思います。

父は普通のサラリーマンで、平日は会社に行って帰ってくるのは早くて7時ごろ。残業で遅くなって10時ぐらいだったでしょうか。まあ、普通だと思います。休日は、私が小さいころは家族で動物園とか水族館に連れて行ってくれましたが、基本はゴルフに行ったり家で映画を観たり。会社は定年まで勤め上げましたが、取り立てて出世することもなくクビになったりすることもなく。まあ、日本人のごく普通なお父さん像という気がします。

母は小学校の先生でした。学校の先生というと、「家で勉強を教えてくれるの?」と聞かれますが、我が家に限らず、だいたいの学校の先生は、自分の子どもの勉強の面倒を見ません。その理由はいまいちわかりませんが、入学式や学芸会といった学校行事が日常なので子どもの学校生活に対して燃えてこないのでしょうか? 母も、うちで勉強の話はほぼしませんでした。教育的な活動といえば「毎週子どもを図書館に連れていく」ということを実践していたぐらいです。

両親は二人とも、「勉強しなさい」とは一言も言いませんでした。「塾に行きなさい」とも「この学校に行きなさい」とも言いませんでした。積極的に、水泳やピアノといった習い事に行かせようともしませんでした。美術館に連れて行ったりクラシック音楽を聞かせたりすることもなかったです。

「毎朝決まった時間に起きて朝ごはんを食べる」という教育はされた記憶がありますが、どちらかというと、放ったらかしに寄った子育てだったのではないでしょうか。

中学受験しないと言ったときも、高校を決めたときも、大学を決めたときも、特にアドバイスはなかったのではないかと思います。「ユウキがそうしたいのなら、いいんじゃない」ぐらいです。卒業後の進路についても、特に何も言いませんでした。「会社を辞めた」と言ったときも無職でフラフラしていたときも、心配はしていたようですが、反対したり口を出したりせずに見守っていてくれました。

今になってから感じることは、母の最大の教育方針は

「自分のことは自分でできるようにする」

ということだったと思います。つまり自立して生きることです。食事で使ったお皿は自分で洗うとか、自分の洗濯物は自分でたたむとかいうことです。親や周りの人に頼らなくてもいいように、できるかぎり自分のことは自分でする強くたくましい子に育って欲しいと考えていたのではないでしょうか。だから、勉強のことにもあまり口を出しません。

それに対し父がいちばん大事にしていた教育方針は

「自分の人生は自分で選び取る」

ということだったのかもしれません。つまり自由に生きることです。「ああしなさい、こうしなさい」とは一切言いませんでした。私自身が決めたことに反対することはなかったのです。褒めることも叱ることもほとんどありませんでした。その代わり、自分の仕事について語ったり進路に対してアドバイスすることもありませんでした。

二人とも、私をコントロールしようとはせず、「自立」と「自由」を教えようとしていました。

結果、今の私は自立して、自由に生きていることができます。

自分のやりたい仕事をしつつ、2週間ぐらいウインドサーフィンに行きたいと思えば行けるし、本を書きたいと思えばその時間が作れます。

この二人の教育方針が最適なものだったのかはわかりません。母にはもうちょっと甘えたかった気がしますし、父にはもうちょっと親父の背中を見せて引っ張ってもらいたかった気もします。

最適だったのかはわかりませんが、それでも確かなのは、私にとって最高の父親と母親であったことです。

小さなころから愛情を注ぎここまで育ててくれました。

父さんと母さんのもとに生まれたから、このように素晴らしい人生を送れています。

ありがとう。

谷川祐基

谷川祐基（たにかわ・ゆうき）

1980年生まれ。愛知県立旭丘高校卒。東京大学農学部緑地環境学専修卒。株式会社日本教育政策研究所代表取締役。

母親が小学校教師、叔母が中学校教師、伯父が高校教師という職員室のような環境で育つが、塾には通わず、家でもほとんど勉強しなかった。その代わり、学校の先生の本音を解析することで、独自の「楽しくて効率的な」学習メソッドを構築。小中学校では学年トップの成績をキープする。高校3年生の秋から受験勉強をはじめ、東京大学理科Ｉ類に現役で合格。

大学卒業後は5年間のサラリーマン生活を経て、起業。「自由な人生とじゅうぶんな成果」を両立するための手助けをしたいという思いから、ベンチャー企業や学習塾において、コンサルティング事業やカリキュラム作成などの教育事業を手掛ける。趣味が高じて、マリンスポーツ・インストラクターとしても活躍中。

（株）日本教育政策研究所　http://ksk-japan.net/

賢者《けんじゃ》の勉強《べんきょう》技術《ぎじゅつ》
短時間《たんじかん》で成果《せいか》を上《あ》げる「楽《たの》しく学《まな》ぶ子《こ》」の育《そだ》て方《かた》

2018年4月7日　初版発行

著　者　谷川祐基
発行者　小林圭太
発行所　株式会社 CCCメディアハウス
〒141-8205　東京都品川区上大崎3丁目1番1号
電話 販売 03-5436-5721 編集 03-5436-5735
http://books.cccmh.co.jp

装幀・本文デザイン…西村健志
校　正…………………株式会社円水社
印刷・製本……………豊国印刷株式会社

ISBN978-4-484-18211-7